HUILV　LAODONGLI SHICHANG ZHIDU
DUI LAODONGLI SHICHANG DE YINGXIANG YANJIU

汇率、劳动力市场制度
对劳动力市场的影响研究

杨红彦／著

中国财经出版传媒集团

经济科学出版社
Economic Science Press

图书在版编目（CIP）数据

汇率、劳动力市场制度对劳动力市场的影响研究/
杨红彦著 . —北京：经济科学出版社，2017.6
ISBN 978 - 7 - 5141 - 8229 - 3

Ⅰ. ①汇…　Ⅱ. ①杨…　Ⅲ. ①劳动力市场 – 影响
因素 – 研究　Ⅳ. ①F241. 2

中国版本图书馆 CIP 数据核字（2017）第 169594 号

责任编辑：王柳松
责任校对：王肖楠
责任印制：邱　天

汇率、劳动力市场制度对劳动力市场的影响研究

杨红彦　著

经济科学出版社出版、发行　新华书店经销

社址：北京市海淀区阜成路甲 28 号　邮编：100142

总编部电话：010 - 88191217　发行部电话：010 - 88191522

网址：www. esp. com. cn

电子邮件：esp_bj@ 163. com

天猫网店：经济科学出版社旗舰店

网址：http：//jjkxcbs. tmall. com

北京季蜂印刷有限公司印装

880×1230　32 开　5. 625 印张　180000 字

2017 年 6 月第 1 版　2017 年 6 月第 1 次印刷

ISBN 978 - 7 - 5141 - 8229 - 3　定价：32. 00 元

（图书出现印装问题，本社负责调换。电话：010 - 88191510）

（版权所有　侵权必究　举报电话：010 - 88191586

电子邮箱：dbts@ esp. com. cn）

前言

　　本书是河北师范大学科学研究基金项目《汇率、要素市场不完全性对我国劳动力市场的影响》的最终成果。2008 年，美国金融危机通过各种渠道迅速传递到世界其他经济体，表明经济全球化加剧了开放经济体的外部冲击风险。作为外部冲击重要组成部分的汇率冲击，在这次金融危机过程中对各国劳动力市场产生了重要影响，这种影响固然与一国汇率制度选择有关，但劳动力市场面对汇率冲击的调整能力和调整过程，具有更为重要的作用。而劳动力市场在汇率等外部冲击下的调整能力和调整过程，很可能与劳动力市场自身的制度安排具有密切联系，本书认为劳动力市场制度是决定劳动力市场应对汇率冲击所进行的调整和调整后的均衡状态的重要因素。

　　经验研究显示，汇率冲击和其他外部冲击一起，带来工业化国家工业部门就业比例持续下降和非熟练劳动力失业率不断攀升的现象，中国工业部门就业也出现了类似情况。中国在经济发展和对外开放过程中，汇率制度的弹性逐步增加，由原先较为僵化的钉住汇率制度向浮动汇率制度迈进，将不可避免地影响到中国进出口贸易条件，冲击先前依赖低廉劳动力资源的出口模式，并对劳动力市场产生重要的影响，带来就业、工资等均衡变量和市场结构的变动。与此同时，积极的劳动力市场政策对推进中国的劳动力市场制度变迁起到了重要作用，中国的劳动力市场制度取向经历了从"绝对强调工作安全"到"综合考量市场灵活化、就业安全与工作安全平衡"的调整。这一过程中不断建立和完善的就业安全相关的制度法规，对企业雇佣和解雇工人的行为产生了成本约束，导致了就业调整的制度成本产生。

本书的研究视角是劳动力市场存在制度因素导致的调整成本时，分析汇率影响就业、工资及技能溢价的作用机制，同时，运用中国工业行业数据对汇率和劳动力调整成本对于中国就业和工资的影响渠道和具体程度进行计量分析。

本书共分六章。第一章为导论，介绍本书研究的背景和意义，对核心概念进行界定，阐述研究思路、结构安排和主要创新之处。第二章在对已有相关理论进行整理和归纳的基础上，从三方面对汇率和劳动力市场制度影响就业和工资的理论机制进行了梳理。第三章主要从发展概况层面，运用中国的宏观经济数据对中国汇率、劳动力市场制度以及就业、工资的发展变化状况进行了较为细致的分析，同时，考察 OECD 国家的汇率、就业保护和就业及工资的关系，从横向对比的角度，判断中国劳动力市场制度对劳动力市场保护与 OECD 国家成熟的灵活—安全的劳动力市场模式存在的差距。第四章从理论上系统分析了汇率和劳动力市场制度对就业的影响。理论研究得出的主要结论是，劳动力市场调整成本的提高降低了就业的汇率弹性，经济开放度的加深提高了就业汇率弹性，生产效率的提高降低了就业的汇率弹性，汇率持久性提高提升了就业汇率弹性。第五章运用中国可贸易工业行业 1998~2009 年间的统计数据，分析了汇率、劳动力市场制度对中国工业行业就业、工资及技能溢价的影响。第六章为本书主要结论和相关政策建议。

本书的理论和经验分析得出如下主要结论。第一，中国的就业和工资水平与实际有效汇率呈正相关关系，劳动力市场化指数作为劳动力调整成本的代理变量促进了就业和工资提高。第二，汇率贬值通过内资企业出口渠道促进了就业增长、提高了就业创造率并降低了工资水平；通过进口渠道降低了就业和就业破坏率，提高了工资水平；通过效率渠道促进了就业增长、提高了就业再配置率、就业创造率和就业破坏率，降低了工资水平。在影响弹性因素中，资本劳动比例效应最小，行业平均加成比例居中，劳动力的技术结构最大。第三，劳动力市场调整成本降低了就业汇率弹性和就业再配置的汇率弹性，汇率波动程度越高对就业的负面影响越大，劳动力调整成本通过就业流动渠道对就业汇率弹性的影响为负。采用differences-in-differences方法估算出劳动市场调整成本对低劳动生产率行业的就业汇率弹性大于高劳动生产率行业。劳动力市场调整成本影响了就业面对实际有效汇率冲击时的调整过程，它不仅直接减少就业和限制就业流动，而且通过就业流动和行业劳动生产率影响就业汇率弹性。第四，劳动力市场调整成本具有降低熟练劳动与非熟练劳动技能溢价的效应，劳动力市场调整成本对熟练劳动力相对于非熟练劳动的工资有负向影响，实际汇率则促进了技能溢价的提升。

本书的创新之处主要体现在以下几个方面：第一，在理论分析中，突破前人研究中的劳动力市场平滑假设，将劳动力市场制度导致的调整成本因素纳入理论考察，将新贸易理论框架和劳动力市场制度因素相结合构建理论模型，深入研究了汇率和劳动力市场调整成本影响就业及工资的理论机制，指出劳动力市场调整成本降低了就业汇率弹性，缩小了就业和工资波动的幅度，使得就业、工资的波动更为平缓。本书理论研究推进了前人的理论框架，并为本书后续经验研究奠定了坚实的基础。

第二，实证分析方面，在本书理论研究的指导之下，运用倍差法、动态面板估计等前沿计量研究方法，系统深入地定量分析了实际有效汇率、劳动力市场制度对中国工业行业就业以及工资的影响，实证分析从就业和实际工资（技能溢价）两个层面展开，重点研究了劳动力市场制度所带来的调整成本对就业和工资面对汇率波动的调整的作用，并与劳动力市场平滑假定下实际有效汇率影响就业和工资的渠道和效应进行比较分析。本书的实证研究在视角上、理论基础上、方法上、结论上均推进和丰富了本领域已有的实证研究文献。

第三，本书首次构建了中国各行业的劳动力市场灵活性的指标，以及中国各行业的实际有效汇率指标，在指标构建方面做出了具有一定开创性的工作，不仅深化和细化了本书的研究，也为其他本领域学者的相关研究提供了借鉴和参考。

杨红彦

2017 年 3 月

目 录

第一章

导　论

本章就本书选题的总体状况进行说明。第一节为选题的背景与意义，介绍本书选题的现实意义与研究出发点；第二节介绍了相关主要概念；第三节介绍本书的研究思路和结构安排；第四节提出了本书的主要创新点。

第一节　选题背景与意义

2008 年，美国金融危机通过各种渠道迅速传递到世界其他经济体，表明经济全球化加剧了开放经济体的外部冲击风险。作为外部冲击重要组成部分的汇率冲击，在这次金融危机过程中对各国劳动力市场产生了重要影响，这种影响固然与一国汇率制度选择有关，但劳动力市场面对汇率冲击的调整能力和调整过程，具有更为重要的作用。而劳动力市场在汇率等外部冲击下的调整能力和调整过程，很可能与劳动力市场自身的制度安排具有密切联系。汇率冲击和其他外部冲击一起，带来工业化国家工业部门就业比例稳步下降和非熟练劳动力失业率的持续攀升现象。当然，中国工业部门就业也出现了类似的规律。越来越多的经验研究认为，在汇率以及其他外部冲击下，劳动力市场制度在就业和工资的调整过程中发挥作用。布兰查德和沃夫（Blanchard，Wolfers，2000）强调了冲击和劳动力市场机构综合作用对就业和失业动态变化的重要性。布兰查德和普邱噶（Blanchard，Portugal，2001）发现，土耳其和美国不同的失业持续时间和就业流动的原因是土耳其比美国更严格的就业保护制度，它使得土耳其的经济更僵化。阿美达和欧普穆拉（Almeida，Opromolla，2009）利用 DSGE 模型模拟葡萄牙经济中一系列的冲击对非贸易部门和劳动力市场的刚性影响时，发现劳动力市场灵活性的提高可能有助于提高经济体的竞争力，劳动力市场制度改革促使劳动力跨地区和跨行业的流动。布兰查德和普邱噶（Blanchard，Portugal，2001）意识到，外部冲击的影响取决于一国的劳动力市场制度。

中国作为世界经济中重要的一员，不仅受到其他经济体汇率波动的冲击，其自身也经历了一系列改革。中国自改革开放以来，人民币汇率制度经历了如下调整：双重汇率制度（1981～1993 年），在这期间中国停止贸易内部结算价的使用，贸易收支和非贸易收支按照官方牌价结算，虽然贸易结算价与官方牌价并轨，但是仍然存在外部调剂市场。在 1992 年和 1993 年期间，人民币的汇率基本保持在 1 美元 =5.8 元左右的水平。1994 年 1 月 1 日，人民币实行以市场供求为基础的、单一的、有管理的浮动汇率制度，人民币汇率一步并轨到 1 美元等于 8.7 元。这一阶段，人民币汇率升值的预期，促使其从 1994 年的 8.5278 元下降到 1997 年的 8.283 元。1997年，东南亚金融危机爆发之后，人民币在危机中实行钉住美元的汇率制度，保持在较窄范围内浮动，波幅不超过 120 个基本点，并没有随宏观经济基本面震动而波动，这期间持续在 1994～1997 年间。1998～2005 年 7 月间，人民币汇率处于升值状态，在 2000 年略有贬值的趋势。

现阶段的参考"一篮子"货币为基础的、有管理的浮动汇率制

度，是人民币改革的第四个阶段（2005 年 7 月至今）。尤其是在
2005 年之后，中国工业行业的就业在 2008 年达到了最大值。然而，
2008 年美国"次贷危机"的爆发很快演变成一场世界范围内的金
融危机，外在的人民币升值的压力上升，就业在 2009 年开始下滑，
2016 年人民币加入 SDR，市场化程度进一步提高，这期间升值论
和贬值论的争论一直存在，美国经济学家麦金农认为人民币应该维
持汇率的稳定性，而不是贬值，中国目前资本项目下的交易是不可
兑换的，中国没有一个有效的外汇市场供外资进行外汇对冲，所以
他认为目前中国的汇率制度是合理的。然而，人民币升值已经成为
现实，截至 2014 年人民币一直处于升值状态，此后人民币升值的
基础发生变化，经历了大幅度升值之后开始贬值，而且加入 SDR
并未减缓人民币贬值的压力，如何稳定人民币的币值成为现阶段关
注的焦点。如何让人民币汇率改革比较平缓？汇率改革对劳动力市
场带来多大的震荡？就业和工资如何随着汇率波动调整？现实情
况是，在汇率改革期间，中国就业随着汇率改革波动，工资和技
能溢价的变化趋势更为明显，这一现象引起了学界的广泛关注。
于是，本书主要关注两个方面的内涵，即就业调整和工资调整以
及技能溢价。换言之，本书关注的焦点之一是"汇率改革对就业
和工资带来怎么样的影响"？

周申（2003）通过研究贸易自由化与汇率政策对国内均衡的影
响，发现推进贸易自由化会降低本国企业的保护程度，国内产品的
需求会降低，不利于就业的提高，由此提出实施人民币适度贬值，
可以促进就业。周申和李春梅（2006）采用投入产出分析法，利用
贸易结构变化影响就业的偏差分析模型，对 1992 ～ 2003 年中国工
业制成品贸易结构变化对劳动力使用的影响进行了测量，其实证研
究结果表明，在样本区间中国工业制成品贸易结构的变化对就业产
生了不利影响。

李晓峰和钱利珍（2010）发现，当出口在一国经济中占重要地
位时，汇率调整就会对就业产生重要影响。其中，人民币汇率变动

会通过出口需求、资源配置和效率渠道对就业产生影响，出口需求渠道占据主导地位，效率渠道的作用次之，资源配置渠道的效应最弱。汇率升值通过资源配置能带动就业，通过出口需求和效率变动减少就业。因此，在人民币汇率改革的背景下，考察人民币汇率对就业和工资的影响非常重要。

与此同时，中国的劳动力市场制度以积极的劳动力市场政策为主，经历了从"绝对强调工作安全"到"综合考量市场灵活化、就业安全与工作安全平衡"的功能地位的调整。目前，劳动力市场的灵活—安全性已经成为欧盟成员国促进劳动就业的一种新的政策战略目标。首先，灵活性可以让企业解雇和聘用工作人员、企业内部的工作安排更加灵活及劳动者的就业形式、工资支付形式更加灵活多样；其次，安全性则可以让劳动者在收入、工作、就业能力方面得到充分保障。由此可见，一个灵活—安全性的劳动力市场，意味着劳动力市场所保护的重点从保障工作转向了促进就业。例如，《中华人民共和国劳动合同法》规定了劳动力市场应遵守的准则，对劳动者提供的保护水平比之前有所提高。《中华人民共和国劳动合同法》要求劳动雇佣双方签订合同是对劳动者实施保护的基本前提。同时，《中华人民共和国劳动合同法》鼓励建立长期稳定的劳动关系，从这个意义上该法鼓励无固定期限劳动合同的使用，它意味着终止劳动合同的时间不确定。也是对劳动者的法律保护。所以，当面临汇率冲击，企业需要调整产量时，他们并不能无条件地解雇工人，从而能够约束企业主的雇佣工人和解雇工人的行为。

那么，在中国汇率制度的变迁中，劳动力市场制度如何影响就业以及工资的调整过程，他们之间有怎样的作用机制？本书旨在研究汇率、劳动力市场制度影响劳动力市场调整的理论机制和影响效果，进而在开放条件和劳动力市场制度变迁的背景下，为促进劳动力市场有效调整和最优资源配置，汇率制度的选择和政策的调整方向提供建议。

第二节 相关概念界定

一、实际有效汇率

一般来说，汇率从不同的角度，有不同的分类。名义汇率是指，在社会经济生活中被直接公布、使用的表示两国货币之间比价关系的汇率。名义汇率又称"市场汇率"。其影响因素主要是两国相对物价水平、相对利率水平以及贸易平衡因素。名义汇率不能反映两国货币的实际价值，是随外汇市场上外汇供求变动而变动的外汇买卖价格，它对商品实际价格的影响非常短暂。

实际汇率是用两国价格水平对名义汇率进行调整后的汇率。实际汇率反映了以同种货币表示的两国商品的相对价格水平，从而反映了本国商品的国际竞争力。

实际有效汇率是剔除通货膨胀对各国货币购买力的影响，一国货币与所有贸易伙伴货币双边名义汇率的加权平均数。实际有效汇率不仅考虑了所有双边名义汇率的相对变动情况，而且剔除了通货膨胀对货币本身价值变动的影响，能够综合地反映本国货币的对外价值和相对购买力。本书的研究角度就是实际有效汇率。

二、劳动力市场制度和劳动力市场调整

劳动力市场制度主要有失业保险、积极的劳动市场政策、工会规则、集体谈判以及就业保护立法等等。其在制度架构和功能发挥的差异形成了劳动力市场灵活或刚性的基础，决定了劳动力市场调整成本的大小。经济学文献上多是采纳一系列制度性指标来描述劳

动力市场的制度结构和特征，他们发现不同制度的功效对劳动生产效率、就业以及工资的影响是不同的（Venn，2009）。本书的研究视角是用劳动力市场上就业保护这一灵活安全性劳动力制度指标来考察其对就业和工资的影响。

劳动力市场调整包括两个方面：一是就业，主要考察可贸易工业行业内部的就业以及就业在行业之间的变化；二是工资，主要从可贸易行业内部工人的实际工资以及行业内部熟练劳动力和非熟练劳动力之间的技能溢价。所以，本书的主旨就是探索劳动力市场制度在就业或工资应对汇率波动的调整过程中发挥的作用和机制。

第三节　研究思路和结构安排

一、研究思路

本书先在新贸易理论和新新贸易理论等理论框架下对实际汇率影响就业和工资的理论机制和渠道进行梳理和评论，同时，分析劳动力市场上各种制度对就业以及工资的作用机理，并从劳动力市场制度的视角对实际汇率影响劳动力就业和工资的机制进行了判断，据此作为全书分析的理论根据。在此基础上，本书将从理论和逻辑分析—实证检验对比—结论与政策等三个板块逐次展开。

本书将先从发展概况方面，运用中国的宏观经济数据对中国汇率、劳动力市场制度和就业以及工资的发展现实进行了较为细致的分析，其中，劳动力市场制度的发展主要强调劳动力市场化程度的变化，而就业和工资以及技能溢价的变化主要强调不同类型的行业内部的差异以及行业之间的变化两方面。作为对比，本书将 OECD 国家的劳动力市场就业保护、汇率和就业以及工资的发展状况进行了详细的分析。并在此基础上，判断劳动力市场制度、汇率以及就业等三者之间的关系。这种描述性分析和逻辑分析，作为背景铺垫和直观认识，为后续各章的分析提供了现实基础。

在理论机制梳理基础上，本书突破新贸易理论中劳动力市场平滑的假定，认为劳动力存在调整的成本，将贸易理论与劳动力市场调整成本在较为完备的贸易分析框架中展示出来，从中剥离出劳动力市场调整成本对企业决策的影响。

在理论模型分析和现实经验比较的基础上，本书采用《中国统计年鉴》《中国劳动统计年鉴》、国际货币基金组织以及《中国工业经济统计年鉴》中的可贸易行业的相关数据针对中国汇率变化对就业和工资以及技能溢价的影响进行实证分析，实证分析的主要思想在于剥离劳动力市场调整成本对就业汇率弹性以及工资汇率弹性的影响。本书首先，构建了反应劳动力市场调整成本的劳动力市场灵活性指标，并与樊纲等（2011）设计的劳动力市场化指标进行对比，得出劳动力市场灵活性指标是劳动力市场调整成本合理的代理变量，以此作为实证分析的基础。其次，区别于以往实际有效汇率的国家特征，本书根据国际清算银行实际有效汇率的测算方法，构建了以各个行业进出口权重的可贸易行业特征的实际有效汇率，并根据平滑方法剥离出实际有效汇率的持久变化部分，剔除实际有效汇率的暂时变化部分。

此外，作为新贸易理论特征的企业市场定价能力特征，本书测算了行业平均加成定价，作为行业垄断能力的代理变量。至此，在完成主要变量的构建上，本书拟采用动态面板估计这一能够很好地弱化关键解释变量内生性问题的计量方法进行经验分析。首先，分析在劳动力市场平滑的假定下，汇率影响就业和工资的渠道以及就业汇率弹性、工资汇率弹性等的影响因素。其次，作为对比，实证方程中加入了劳动力市场调整成本，实证检验劳动力调整成本对就业（工资）调整渠道的影响。为了得到更加稳健和可靠的估计结果，本书对所有的实证分析都基于不同情形进行了多次回归，其中，包括变量度量指标的变更、样本期间的变化、分析行业的特定性等多种情形。

同时，本书考虑到另一个不容忽视的事实，即随着中国汇率制度进行浮动汇率体制改革和中国国际贸易逐渐深化，近年来熟练劳动力和非熟练劳动力的技能溢价逐渐提高。从本书所采用的行业数据看出，中国在经历了改革开放 30 多年来汇率制度和劳动力市场制度的持续变革后，工业行业熟练劳动力相对于非熟练劳动力的技能溢价在 2005 年汇率制度改革时达到高峰期之后，此后迅速下滑，于震荡中逐渐上升。这一重要的波动引发了人们对中国人民币汇率制度自由化改革的思考。那么，汇率如何影响技能溢价？在技能溢价面对汇率波动的调整过程中，劳动力市场制度发挥了怎样的角色？对这一问题的回答，能够为进一步理解汇率与工资结构的关系提供一定的证据，并且，可以从中得出一些与当前汇率制度改革和劳动力市场制度改革相关的启示。因此，在实证分析汇率、劳动力市场制度对中国就业和工资的影响之后，本书将继续分析汇率、劳动力市场制度对技能溢价的影响。汇率对技能溢价的主要作用机制是相对价格效应、替代效应以及"干中学"效应，劳动力市场制度对技能溢价的影响取决于每种具体的制度对熟练工人和非熟练工人的束紧程度。这部分内容主要是运用分样本估计汇率和劳动力市场制度对技能溢价的作用。

最后，本书将对全书理论及实证分析所得出的主要结论进行总结，从中得出汇率和劳动力市场制度影响中国就业和工资的大体作用，为更客观地评价汇率和劳动力市场制度在中国经济发展中的作用以及未来劳动力市场改革提供借鉴。

二、结构安排

根据以上研究思路，在导论部分介绍了本书的研究背景、相关概念的界定、研究思路、结构安排和创新，第六章是本书主要的结论以及未来的研究方向，本书的主体部分是第二～第五章。

第二章在对已有相关理论进行整理和归纳的基础上，从三方面对汇率和劳动力市场制度影响就业和工资的理论机制进行了梳理。第一，为劳动力市场制度影响就业和工资的机制，其核心是劳动力制度对就业结构的影响不同，从而影响不同就业人群的就业选择；第二，是汇率影响就业和工资的作用机制和渠道，其核心思想在于汇率引起的相对价格的变化从而影响要素收入和投入，主要代表性理论为斯托珀—萨缪尔森定理和特定要素模型。同时，汇率通过生产技术的变化，改变要素之间的替代率，从而影响要素的收入和投入。汇率一般通过进口投入渠道、出口竞争以及出口"干中学"的效率渠道影响要素收入和投入。第三，是劳动力市场制度作用于要素投入和收入面对汇率冲击的调整过程，其核心是作为产量调整的成本因素，劳动力市场制度会减弱要素投入和收入的面对汇率冲击的振幅，平滑要素投入和收入的调整过程。在上述理论机制梳理和简要评述的基础上，论述了其不足之处或尚未解决的问题，提出了本书理论拓展的线索。

第三章主要从发展概况层面，运用中国的宏观经济数据对中国汇率、劳动力市场制度和就业以及工资的发展现实进行了较为细致的分析，其中，汇率的发展状况采用的国别的标准，劳动力市场制度主要从樊纲等（2011）编制的劳动市场化指数角度考察劳动力市场制度的发展趋势，采用的是地区数据。就业变化主要强调中国可贸易工业行业间差异与行业内差异，同时，也对工业行业不同行业类型的就业趋势进行了判断，其中，工业行业主要分为资源密集型行业、劳动密集型行业以及资本密集型行业。而工资和技能溢价的差异也从上述两方面展开，不仅分析了行业内部工资和技能溢价的发展态势，还强调了不同行业类型工资和技能溢价的差异。在此基础上，本章分别将汇率和就业以及工资结合、劳动力市场化程度和就业以及工资结合起来，从现实数据上对汇率、劳动力市场化与就业和工资关系进行了大致的判断。此外，本书还考察 OECD 国家的汇率、就业保护和就业以及工资的关系，从横向对比的角度，判断中国劳动力市场制度对劳动力市场保护与 OECD 国家成熟的灵活—安全的劳动力市场模式存在的差距。

第四章理论分析了汇率、劳动力市场制度对就业的影响。本书依托于新贸易理论的研究框架，在规模报酬递增、不完全竞争条件下、企业异质性的假定下，拓宽了企业的成本函数，在存在调整成本的情况下，剥离出企业利润最大化的出口行为中的调整成本因素。理论模型的结论，是劳动力市场调整成本的提高降低了就业的汇率弹性、经济开放度的提高提高了就业汇率弹性、生产效率的提高降低了就业的汇率弹性以及汇率持久性提高提升了就业汇率弹性。其中，生产效率提高降低就业的汇率弹性与伯们和迈耶（Berman，Mayer，2012）的结论一致，伯们和迈耶（Berman，Mayer，2012）从实证角度发现，在面临汇率冲击时，生产效率高的企业倾向于提高企业价格的加成定价而不是调整产量；生产效率低的企业采取相反的策略，调整产量，保持价格的同步性。本章的结论为以下章节的实证检验提供了理论基础。

第五章实证分析了汇率、劳动力市场制度对中国工业行业就业和工资的影响。运用中国可贸易工业行业 1998～2009 年间的统计数据，本章首先，利用国际货币基金组织的数据和国际清算银行的方法，构建了基于各个行业在全世界各个经济体进出口权重的行业实际有效汇率指标，因为中国现有的实际汇率度量，多从一个经济体面临的整体的实际有效汇率考察，并未细化到中国可贸易的工业行业层面。此外，还运用平滑方法（Rven，Uhlig，2005）过滤掉暂时变化部分，得到其长期变化的趋势。其次，设计了中国行业的劳动力市场灵活的指标，作为劳动力市场调整成本的代理变量。因为中国尚未有这方面的研究，樊纲等（2011）编制的劳动力市场指数是反映地区层面的劳动力市场化程度，并没有行业层面的劳动力市场灵活化的指标。为了证实行业层面的劳动力市场指标是合理的代理变量，本书最小二乘法估计它们之间的总体相关关系，发现他们之间的相关系数较大，而且拟合程度很高。

　　在完成上述主要变量的构建之后，本章实证分析了汇率、劳动力市场制度对就业和工资的影响。本章先从汇率影响就业的贸易结构出发，得到汇率影响就业的进口渠道、出口渠道以及效率渠道，并通过动态面板的估计对这三种渠道途径均进行了细致的实证分析。本章的主要结论为：汇率贬值通过内资企业出口渠道促进了就业增长和就业创造率，降低了工资水平；通过进口渠道降低了就业和就业破坏率，提高了工资水平；通过效率渠道促进了就业增长、就业再配置率、就业创造率和就业破坏率，降低了工资水平。高贸易依存度行业的就业（工资）汇率弹性大于低贸易依存度行业的就业（工资）汇率弹性，低加成比例行业的就业（工资）汇率弹性大于高加成比例行业的就业（工资）汇率弹性。就业（工资）弹性还与行业要素密集度和行业全要素生产率有关。影响弹性因素中，资本劳动比例效应最小，行业平均加成比例居中，劳动力的技术结构最大。

　　本书在分析劳动力市场调整因素在就业汇率弹性中发挥的作用时，利用中国33个工业部门1998～2009年间数据进行了动态面板和面板固定效应估计，发现劳动力市场调整成本降低了就业汇率弹性和就业再配置的汇率弹性；汇率波动程度越高，对就业的负面影响越大；对外贸易扩张增加了就业，分别通过进口渠道和出口渠道提高了就业汇率弹性。子样本估计显示，高贸易依存度行业的就业汇率弹性大于低贸易依存度行业的就业汇率弹性，高劳动生产率水平行业的就业汇率弹性低于低劳动生产率行业的就业汇率弹性。劳动力调整成本通过就业流动渠道对就业汇率弹性的影响为负值，但是不够显著；采用 Differences-in-differences 方法得出劳动市场调整成本对低劳动生产率行业的就业汇率弹性大于高劳动生产率行业，就业汇率弹性符合伯们和迈耶（Berman，Mayer，2012）的结论：汇率贬值时，劳动生产率高的厂商倾向于提高价格的加成比例而不是改变产量，劳动生产率低的厂商则相反。总之，本章的实证检验结果符合理论模型的结论：劳动力市场调整成本影响了就业面对实际有效汇率冲击时的调整过程。它不仅直接减少就业和限制就业流动，而且，通过就业流动和行业不同的劳动生产率影响就业汇率弹性。

本书在实证分析汇率、劳动力市场调整成本影响就业和工资的各种途径后，继续探索了汇率、劳动力市场制度和技能溢价的关系。本章利用中国工业部门 33 个细分行业 1998～2009 年大中型企业的统计数据，从经验上估计了汇率、劳动力市场制度、国际贸易以及技术等因素对熟练劳动和非熟练劳动技能溢价的影响。实际有效汇率具有提高技能溢价的作用，国际贸易具有扩大中国工业部门熟练劳动与非熟练劳动技能溢价的效应，效果不太显著，贸易并未如经典理论所预期的提高中国非熟练劳动相对工资；研究期内，技术进步具有拉大熟练劳动与非熟练劳动工资差距的作用，在统计上非常显著且作用程度较为重要；研究期内，就业保护指标具有降低熟练劳动与非熟练劳动技能溢价的效应，可见确定劳动力市场调整成本的劳动市场制度对熟练劳动力有负向的束紧作用。

图 1-1 描述了各章的内在逻辑。

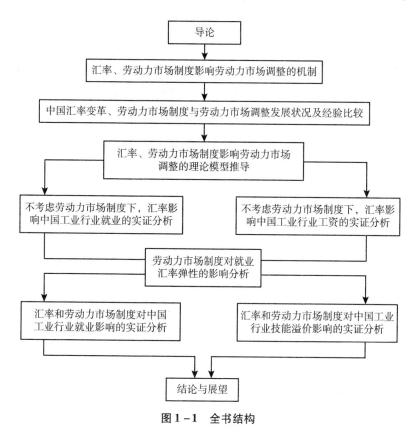

图 1-1 全书结构

第四节 主要创新点

本书的创新之处主要体现在以下几个方面：

一、在理论分析中

突破前人研究中的劳动力市场平滑假设，将劳动力市场制度导致的调整成本因素纳入理论考察，将新贸易理论框架和劳动力市场制度因素相结合构建理论模型，深入研究了汇率和劳动力市场调整成本影响就业及工资的理论机制，指出劳动力市场调整成本降低了就业汇率弹性，缩小了就业和工资波动的幅度，使得就业、工资的波动更为平缓。本书理论研究推进了前人的理论框架，并为本书后续经验研究奠定了坚实的基础。

具体而言，国际贸易理论主要经历了古典贸易理论、新古典贸易理论、新贸易理论及新新贸易理论，古典贸易理论专注于产业内贸易的发生机制。新贸易理论从产业内贸易的视角研究贸易的作用机制。异质性企业贸易理论和企业内生边界理论的发展，促成了新新贸易理论（Baldwin，2005）的发展。新新贸易理论突破了企业同质性的假定，将企业的异质性考虑进来。但是，他们都没有考虑劳动力市场制度的影响，认为劳动力市场是平滑的，当企业面临外部冲击需要调整产量时，企业雇佣或者解雇工人是不存在调整成本的。本书试图突破这一劳动力市场平滑的假定，认为劳动力市场上存在的各种制度，例如，失业保险制度、最低工资制度、就业制度保护以及工会组织会给解雇工人和雇佣工人带来除工资以外的调整成本。本书将新贸易理论和劳动力市场制度因素结合起来，考察汇率对就业、工资以及技能溢价的影响。通过引入劳动力市场调整成本，本书的研究结论将更准确地反映实际经济中，面对汇率波动冲击时，就业以及工资真实的调整过程。

本书通过吸收新古典贸易理论、新贸易理论、新新贸易理论以及劳动力搜寻理论的相关研究进展，将之前的贸易理论与劳动力市场调整成本在一个较为完备的贸易分析框架中展示出来。本书按三条主线对其进行了梳理，得出汇率和劳动力市场调整成本影响就业以及工资的机制，其一，劳动力制度影响就业和工资机制，劳动力市场制度涵盖的范围很广，而且，各种机制对就业和工资的作用机理可能是相反的，本书针对就业保护立法（employment protect legis-lation，EPL）对现有就业和工资的作用机理展开讨论。其二，为汇率影响就业和工资的渠道。在劳动力市场平滑的假定下，汇率影响就业的渠道主要是进口渗透渠道、出口竞争渠道以及进口投入渠道，现有文献对这些渠道从实证层面进行了大量的探索，但是很少从效率渠道的角度去考察汇率如何影响就业以及工资等，这也是本书对已有相关理论研究的一个有益补充。其三，综合考虑劳动力市场制度因素，本书拓展了原来的新贸易理论的关于劳动力市场平滑性的假设前提，同时，结合发达国家的典型事实和成功经验，在这些理论简要评述的基础上，指出这些主要理论的发展线索以及尚未解决的问题，并从劳动力市场制度的新颖视角主要探索劳动力市场制度对就业（工资）汇率弹性的作用。本书的理论拓展始终在新贸易理论的框架之内，只是从中剥离出劳动力制度因素在就业以及工资调整中所发挥的作用，并以此作为本书实证分析的理论基础。

二、实证分析方面

在本书理论研究的指导之下，运用倍差法、动态面板估计等前沿计量研究方法，系统深入地定量分析了实际有效汇率、劳动力市场制度对中国工业行业就业以及工资的影响，实证分析从就业和实际工资（技能溢价）两个层面展开，重点研究了劳动力市场制度所带来的调整成本对就业和工资面对汇率波动调整的作用，并与劳动力市场平滑假定下实际有效汇率影响就业和工资的渠道和效应进行比较分析。本书的实证研究，在视角上、理论基础上、方法上、结论上均推进和丰富了本领域已有的实证研究文献。

第一，从目前国内外的已有文献来看，从贸易结构渠道以及效率渠道研究实际汇率对就业和工资影响的文献很少。本书实证分析采用的数据，来源于《中国劳动统计年鉴》《中国工业统计年鉴》以及《中国统计年鉴》，这一系列数据连续统计了中国行业类别、工业总产值、出口交货值、进口值、从业人员年平均人数、固定资产净值年平均余额、应付工资总额、产品销售收入等指标数据，从而可以通过细致的指标构建影响中国就业和工资的其他影响因素，例如，全要素生产率 TFP、行业加成比例、熟练劳动力和非熟练劳动力的比例，使本书的估计结果能够更真实地反映实际汇率对劳动力收入就业和工资的影响。另一方面，已有相关研究都是从劳动力市场平滑的角度来研究行业出口状况，但没有考察企业在调整产量时面临的来自工人方面的成本。事实上，企业在增加产量，需要招募工人时需要支付除工资之外的其他费用，例如，培训等；在企业削减产量，需要解雇工人时，劳动力市场的各种制度和组织，尤其是工会制度，使得企业不能够随意解雇工人，他们需要付出其他的成本。考察这种劳动力制度因素对企业行为的影响文献，主要有菲德瑞扣等（Federico et al.，2010），但是，这些研究只局限于调整成本直接影响就业和工资的调整过程，而忽略了调整成本通过影响劳动力在行业之间流动的渠道影响就业和工资的行为。本书综合考虑了劳动力市场调整成本的两种作用方式，并实证分析了其对就业水平和工资（技能溢价）的影响。在计量模型的构建方面，本书将不仅对行业的规模、生产率水平、行业的加成比例等异质性进行控制，还将控制行业劳动力市场特征，从而本书的计量结果反映的是同一行业内部劳动力市场调整成本对就业汇率弹性、工资汇率弹性以及就业流动汇率弹性的影响。

第二，本书采用了多种计量方法。使用了倍差法、动态面板估计、误差修正估计等计量方法，使本书实证分析的层次更加丰富。每一章的实证分析均对估计模型进行了分样本和不同方法的稳健性分析，从而使本书的主要结论更加真实和有效。

本书通过较为细致的实证分析发现，实际有效汇率影响就业和工资的主要渠道是出口竞争渠道；效率渠道为正，说明出口企业在规模效率和"干中学"的过程中提高了技术水平；影响就业汇率弹性、工资汇率弹性以及就业创造汇率弹性的因素中，资本劳动力比例的影响几乎为零，行业平均加成定价即行业在国际市场上的定价能力次之，影响最大的是熟练劳动力和非熟练劳动力的比例，说明劳动力的结构因素对中国就业和工资的影响很大。在劳动力市场调整成本方面，分析结果则表明劳动力市场调整成本越大，就业和工资的汇率弹性越低，从而在一定程度上说明了劳动力市场调整成本对就业的保护作用。本书实证分析过程中，也证实了伯们和迈耶（Berman，Mayer，2012）的一个比较重要的推论：高生产效率的企业在面对汇率冲击时，倾向于改变加成定价；低生产效率的行业在面临汇率波动冲击时，才会调整产量，即生产效率高的行业就业汇率弹性低，生产效率低的行业就业汇率弹性高。此外，本书还证实了劳动力市场调整成本通过影响行业间劳动力流动，来影响就业面对汇率冲击的调整过程。总之，劳动力市场调整成本的存在压缩了就业和工资面对汇率冲击时的震荡幅度，使得劳动力市场调整更为平缓，在一定程度上保护了就业安全性，但是，其是否会影响劳动力生产效率的提高，可能是本书将来的延伸方向。虽然经验研究显示，劳动力市场灵活性无论是间接途径还是直接途径都保障了现有的就业的安全性，但是，任何旨在保障劳动力市场刚性的劳动政策不仅会使得劳动力市场稳健，还可能导致生产率降低。相比西方成熟的灵活安全性劳动力市场，中国的劳动力市场建设虽然处于初级阶段，但只要谨慎选择适当的劳动力市场政策和制度，将会创造灵活稳健的劳动力市场和经济增长的双赢局面。

第三，本书首次构建了中国各行业的劳动力市场灵活性的指标，以及中国各行业的实际有效汇率指标，在指标构建方面做出了具有一定开创性的工作，不仅深化和细化了本书的研究，也为其他本领域学者的相关研究提供了借鉴和参考，这是本书的第三个创新之处。

首先，本书依据就业保护立法指标，构建了中国行业的劳动力市场灵活的指标，作为劳动力市场调整成本的代理变量。因为中国尚无这方面的研究，为了检验该指标的合理性，本书与樊纲等（2011）编制的劳动力市场指数进行比较分析，并用最小二乘法估计他们之间的相关关系，发现他们之间的相关系数较大，而且拟合程度很高。

　　其次，本书构建了行业实际有效汇率指标，纵观中国现有的实际汇率测度，多是一个国家面临的整体的实际有效汇率，本书细化到中国可贸易的工业行业层面，利用国际货币基金组织的数据和国际清算银行的方法，构建了以各个行业在全世界各个国家进出口为权重的实际有效汇率指标。此外，还运用平滑方法（Rven，Uhlig，2005）过滤掉暂时变化部分，得到其长期变化的趋势。

　　通过构建反映劳动力市场制度灵活性的指标，本书发现中国的劳动力市场的灵活化虽然处于上升趋势，但是，劳动力要素的市场化程度仍然处于发展的趋势，在一定程度上表现为企业调整产量的沉没成本。在劳动力市场调整成本的度量方面，本书借鉴了（employment protect legislation，EPL）的构建过程，并与樊纲等（2009）编制的劳动力市场化指数进行相关性检验和估计，在这方面的研究，国内尚且是个空白。在行业实际有效汇率指标的构建过程中，本书细化到行业，按照每个可贸易工业行业与各个国家进出口的权重进行测算，在我们所掌握的文献中属于首次。

第二章

汇率、劳动力市场制度影响
劳动力市场的文献综述

本章在已有相关理论进行整理和归纳的基础上，从三方面对汇率和劳动力市场制度影响就业和工资的理论机制进行了梳理。第一，为劳动力市场制度影响就业和工资的机制，其核心劳动力制度对就业结构的影响不同，从而影响不同就业人群的就业选择。第二，是汇率影响就业和工资的作用机制和渠道，汇率通过相对价格和生产技术的变化，改变要素之间的替代率，从而影响要素的收入和投入。汇率影响要素投入和收入的渠道一般有进口投入渠道、出口竞争以及出口"干中学"的效率渠道。第三，是劳动力市场制度作用于要素投入和收入面对汇率冲击的调整过程，其核心是作为产量调整的成本因素，劳动力市场制度会减弱要素投入和收入的面对汇率冲击的振幅，平滑要素投入和收入的调整过程。在上述理论机制梳理和简要评述的基础上，论述了其不足之处或尚未解决的问题，提出了本书的理论拓展的线索。

本章共包括三部分内容：第一部分，为劳动力市场制度影响就业和工资的作用机制及研究述评；第二部分，为汇率影响就业和工资的渠道分解及研究述评；第三部分，劳动力市场制度影响就业面对汇率冲击调整过程的研究述评。

第一节 劳动力市场制度影响就业和
工资的作用机制及研究述评

一、劳动力市场制度对就业以及工资影响的作用机制

中国劳动力市场的改革是经济改革的重要方面，劳动力市场制度的转型和培育是激进与渐进综合运用的结果，由于产业关系模式与劳动力市场制度灵活模式在空间上体现为"制度同源性"，所以对中国劳动力市场制度剖析着眼于宏观层面。劳动力市场制度分正式的制度和非正式的制度。正式的制度包括，积极劳动市场政策、解雇或者保留讨价还价式集体谈判、失业保险制度、就业保护立法以及再就业政策等，都直接影响了雇主和工人的雇佣选择和择业选择；非正式的制度，例如，与维持长期劳动关系的风俗习惯，具有隐形合同的性质，这直接或者间接地影响雇佣双方的选择。

失业保险制度主要是政府为失业者和适龄非就业群体提供收入支持，一方面，政府有责任保障失业人员的基本生活，另一方面，失业保险制度可能造成失业人员的"搭便车"行为，即道德风险问题，如何设计有效机制将政府支持转化为失业人员寻找工作的动力是失业保险制度的挑战。较高水平的失业保险制度，可能导致较长时间持续劳动力市场无绩效问题。这种导致失业增加的机制在于：（1）降低失业者寻求新工作的迫切程度和对新工作的满意程度；（2）降低失业工人的机会成本，产生潜在加薪的要求，从而使劳动力市场萎缩。同时，失业收益倾向于将非熟练劳动力挤出不完全的劳动力市场，引起熟练劳动力对非熟练劳动力的替代（Lagos，2006），改变就业结构；失业收益也会提高工作匹配的效率，长期来看，降低长期失业率水平（Pollmann，Buchel；2005；Centeno，2004；Belzil，

2001；Addison，Blackburn，2000；Polachek，Xiang，2005）。

最低工资制度，能够降低非熟练劳动力相对于熟练劳动力的需求，导致熟练劳动力对非熟练劳动力的替代。因此，最低工资制度可能引起不同类型劳动力需求的变化，而对整体的就业没有影响；同理，最低工资制度倾向于提高熟练劳动力相对于非熟练劳动力的工资，引起技能溢价的上升（Neumark，Wascher，2006；Aaronson，French，2007）；此外，最低工资制度可能压缩工资分布的宽度，促使劳动者进行技术培训以获得生产率效率增长和工资之间的差距（Acemoglu，Pischke，1999，2003）。非熟练劳动力为了规避失业风险会在人力资本方面投资（Cahuc，Michel，1996；Agell，Lommerud，1997；Agell，1999），但与此同时，压低熟练劳动力和非熟练劳动力之间的工资差距，会使得熟练劳动力对人力资本投资的动力降低。

中国积极的劳动力市场政策主要有就业机制发展，实行劳动者自主择业、市场调节就业、政府促进就业相结合的机制，创造平等就业机会，提高就业质量。缓解就业结构性矛盾，加强就业信息引导，促进农业劳动力的有效转移。构建灵活规范的人力资源市场，整合人力资源市场管理职能，统一市场管理法规和政策制度，消除人力资源市场城乡分割、身份分割和地区分割。同时，经济合作组织政策管理的核心，是"实现积极的劳动力市场政策与失业保险制度、刺激就业等政策相互协调，保持就业刺激方案对不同类型失业者的政策一致性和连续性"。经济合作组织的积极的劳动力市场政策主要有以下几个方面：第一，通过就业培训、咨询，对失业者实现再次就业提供信息和培训方面的帮助；第二，监控失业者求职意愿和行为，实行实时管理空闲岗位制度；第三，推动就业服务的准市场化，市场化就业安置服务等。一般来说，积极的劳动力市场政策能够降低失业率，如果能有效地整合失业保险制度和积极的劳动市场制度，那么，失业保险制度的负面效应会降低（Bassanini，Duval，2006）。

二、劳动力市场制度对就业和工资影响的研究述评

拉兹等（Lars et al.，2002）研究瑞士积极的劳动力市场制度对就业影响时发现，没有任何证据能证实这项制度有利于提高工作匹配的效率和劳动参与率，积极的劳动力市场制度与工资的压力也没有明确的关系，青年就业计划（youth programmes）对劳动参与率有较大的替代效应。总之，积极就业计划可能降低了失业率但同时也可能降低了正规就业，对就业影响的效果不大。

缇透等（Tito et al.，2003）利用多方面投票方法发现，失业收益和就业保护制度存在此消彼长的关系，如果存在大量低等能力的内部劳动者，则均衡的状态是低失业收益和高就业保护制度；如果有大量的高能力内部劳动者，那么，均衡的状态是高的失业收益和低的就业保护制度。

塞·俄泊等（Saint Paul et al.，2007）认为，波尔克斯坦（Bolkestein）指令对东西欧工人影响不同。后自由化时代，东欧地区工人的竞争将损害西欧地区工人的福利。但是，由于劳动力市场制度的不对称，劳动力在东部地区而非西部地区再分配，西部地区工人的工资受到很大的损失。

阿健度和卡门（Alejandro，Carmen，2006）利用倍差法（differences-in-differences）检验就业保护立法的功效，发现就业保护立法严格程度提高，对就业 turnover 的削弱作用加大，而且在波动程度高的部门，这种削弱作用显著程度越高，他们的这一结论基于下面的假设：就业保护立法对易受供需冲击的部门的影响更大。

布茹哈特和伊力特（Brülhart，Elliott，2006）研究工人在部门或者行业之间变动工作的能力和劳动力再分配相关的短期的调整成本的关系时发现，产业间贸易和产业间劳动力调整的关系很大程度上取决于工人个人的技术程度。产业间劳动力调整成本可能比产业内调整的成本低。

阿健度和梅利兹（Alejandro，Melitz，2007）研究波动性、劳动力市场制度与国际贸易时发现，如果行业内部冲击分散程度不同，那么，这种比较优势的原因之一是劳动力市场制度的灵活程度不同，这些制度保证了厂商面对异质性冲击时，能够迅速地进行调整。在其他条件等同的情况下，劳动力市场灵活程度高的国家在高波动行业专业化程度比较高。

巴萨尼和韦恩（Bassanini，Venn，2007）利用倍差法（differences-in-differences）检验就业保护立法、失业保险制度、产假以及最低工资制度对劳动生产率的影响，认为严格的下岗规章提高了解雇工人的成本，使厂商不愿意雇佣新工人；而且，就业保护立法阻碍了劳动力市场灵活性的发展，使厂商很难对技术变革和产品需求冲击做出迅速的反应，降低了劳动力从低生产效率部门流向新兴的高生产率部门的效率。

依沃·则（Yves Zenou，2008）利用双重经济模型，即正规部门的劳动力市场存在搜寻摩擦，非正规部门是竞争性的，发现对正规部门降低失业收益或者企业的进入成本可提高就业创造和正规就业，从而降低非正规部门的规模，但是，对工资的影响不明显；同时发现，就业和工资补贴有助于提高非正规部门的规模，雇佣补贴政策倾向于降低非正规部门的规模。

克瑞海德（Craighead，2009）利用 G7 国家的数据，发现实际的刚性有助于解释实际有效汇率相对于其他宏观经济总体的较高的波动性。如果实际有效汇率的调整成本大于部门之间劳动力的流动以及可贸易商品需要物流服务行业的支撑，那么，实际有效汇率的波动程度将提高。

菲德瑞扣等（Federico et al.，2010）利用欧洲国家的企业数据发现，就业保护立法（EPL）和不完全的金融市场综合作用于投资、资本和劳动者的替代、劳动生产率以及就业再分配。EPL 对人均资本、人均投资和人均产出的负面影响在高就业再分配部门大于低就业再分配部门。

国内研究劳动力市场制度与就业和工资关系的文献不多，王阳（2010）系统分析了劳动力市场上各种制度对就业以及劳动生产率的影响，同时考察了中国灵活安全的劳动力市场与 OECD 国家的发展差距，并从实证方面分析了最低工资制度对劳动生产率的影响。周申和杨红彦（2012）从劳动力市场制度与劳动生产率的角度出发，分析了在经济开放条件下，劳动力市场灵活性对中国工业部门内资企业的劳动生产率的影响。主要探索经济开放条件下劳动力市场灵活性通过影响外商直接投资（FDI）流入间接影响劳动生产率和直接影响劳动生产率的两种影响。并利用 3sls 和 2sls 方法，从地区和行业两个层面估计劳动力市场灵活性、FDI 和国际贸易等因素对内资企业劳动生产率的影响。结果表明，国际贸易对内资企业生产率的影响不明显，但是，伴随着国际贸易的技术外溢促进了地区劳动生产率；FDI 具有较为显著的提高中国工业部门劳动生产率的效应；地区数据和行业数据估计都证实了劳动力市场灵活性可通过 FDI 间接作用和本身的直接作用促进内资企业劳动生产率的提高。

有关技能溢价的模型主要是卡兹和莫菲（Katz，Murphy，1992），他们利用需求和供给框架分析影响熟练劳动力和非熟练劳动力相对需求（供给）的因素时发现，影响相对需求的因素主要是国际贸易因素。此后，寇尼格等（Koeniger et al.，2004）详细研究了工会对技能溢价的影响，探讨劳动力市场制度对技能溢价的影响。在劳动力供给是外生的假定条件下，他们认为劳动力市场制度对熟练劳动力和非熟练劳动力的外部选择有不同的影响，因此，影响两类劳动力的相对需求和工资差距。如果劳动力市场制度对非熟练劳动力外部选择的改善大于熟练劳动力，那么，技能溢价的空间将会被压缩，反之则相反。此外，他们认为，技术密集型行业和劳动密集型行业产品的相对价格，也是技能溢价的决定因素之一。而汇率可能通过对技术密集型行业和劳动力密集型行业产品价格的不同影响对技能溢价产生不同的效果。

许斌（2008）的综述是，关于国际贸易对技能溢价影响的研究，这是国际经济学界的热点之一，因为贸易自由化进程中技能溢价在许多国家都呈扩大趋势同时存在工资增加和劳动力供给增加的现象。他发现，高收入国家、中等收入国家以及低收入国家中大多数国家的工资不平等程度上升。

业掊（Yeaple，2005）从微观企业层面研究出口企业与非出口企业间存在的系统性差异。试图在一般均衡贸易模型中，探索贸易成本与企业的进入或退出、技术选择、是否出口选择以及雇佣工人的技术水平与技能溢价不断提高的关系。均衡时，贸易自由化会使企业改进技术，拉大不同类型工人的收入，提高技能溢价，其研究成果是国际贸易对技能溢价理论在企业层面的经验支持。

克莱恩等（Klein et al.，2010）运用1993～2007年德国制造业企业数据研究出口贸易对不同技能劳动力的工资水平的影响，发现出口贸易有利于提高高技能劳动力以及中高技能劳动力的工资水平，同时，对低技能劳动力以及中低技能劳动力的工资水平有显著的降低作用，从而不同类型技术工人的技能溢价不断扩大。

布让姆比拉等（Brambilla et al.，2010）采用2000～2006年60个拉丁美洲国家的劳动力数据从实证角度分析出口贸易对技能溢价的影响。实证过程分为两个步骤，先采用明瑟方程（Mincer-type regressions）估计了技能溢价，然后根据估算技能溢价（行业层面或国家层面），运用最小二乘法对估算的技能溢价和出口产出等关键变量进行估计，实证结果表明行业出口比重的提高会扩大技能溢价。

第二节　实际有效汇率对就业和
工资影响及研究述评

一、汇率影响就业以及工资的渠道分解

大多数文献认为，汇率影响就业以及工资的主要渠道是贸易结

构渠道。

假设现实中存在可贸易部门和不可贸易部门，可贸易部门生产的产品一部分内销，一部分出口。市场是完全竞争厂商，利润最大化厂商的最大收益函数如下：

$$\max \pi^T = p^T(Y, \ Y^*, \ e)q^T - w^T L^T - rK^T - \left(\frac{s^*}{e}\right)Z^{*T} \qquad (2-1)$$

Subject to 生产函数是一次齐次的，规模报酬不变，

$$q^T = Q^T(L^T, K^T, Z^{*T}) = (L^T)^\alpha (K^T)^\beta (Z^{*T})^\gamma \qquad (2-2)$$

其中，价格 $p^T(Y, \ Y^*, \ e)$ 是国内生产产量 Y、出口产量 Y^* 以及汇率的函数，K^T 是投入的资本量，L^T 是劳动力投入，Z^{*T} 是进口原材料器械等投入。劳动力要素的成本价格是 w^T，资本的价格是利率 r，进口投入价格是 $\dfrac{s^*}{e}$。e 是汇率。

利润最大化的一阶条件（FOC）是，要素的边际收益等于要素的边际成本：

$$p^T \frac{\partial Q^T}{\partial L^T} = w^T, \quad p^T \frac{\partial Q^T}{\partial K^T} = r, \quad p^T \frac{\partial Q^T}{\partial Z^{*T}} = \frac{s^*}{e} \qquad (2-3)$$

最优劳动力需求为：

$$L^T = \left(\frac{Q^T}{w^T}\right)\left[p^T(Y, \ Y^*, \ e) - \beta r\left(\frac{\partial Q^T}{\partial K^T}\right)^{-1} - (1-\beta-\alpha)\frac{s^*}{e}\left(\frac{\partial Q^T}{\partial Z^{*T}}\right)^{-1}\right]$$
$$(2-4)$$

根据一价定律原则，$p^{*T} = ep^T$。最优劳动力需求相对于汇率的弹性是：

$$\frac{\partial L^T}{L^T} \bigg/ \frac{\partial e}{e} = \frac{1}{\alpha}\left[\eta^e + (1-\beta-\alpha)\left(\frac{\partial Q^T}{\partial Z^{*T}}\right)^{-1}\right] \qquad (2-5)$$

其中，η^e 是价格相对于汇率的弹性，可以看到汇率影响劳动力需求的渠道。卡帕和古德伯格（Campa，Goldberg，2001）则将完全竞争的市场扩展到垄断竞争市场，他们把国内厂商生产的产品分为两部分来考虑，一部分销往国内，满足国内消费需求，一部分出口，他们得出和式（2-5）相似的结论式（2-6）和式（2-7）。

$$\frac{\partial L^T}{L^T}\bigg/\frac{\partial e}{e} = \frac{1}{\beta}\bigg[p(1 + \eta^{-1})\eta^{pe} + \chi(ep^*(1 + \eta^{*-1})(1 + \eta^{p*e})$$

$$- p(1 + \eta^{-1})\eta^{pe} + \gamma es^*\bigg(\frac{\partial Q^T}{\partial Z^{*T}}\bigg)^{-1}\bigg] \qquad (2-6)$$

其中，η 和 η^* 分别是产品在国内市场和国外市场的需求弹性，χ 是厂商的出口销售收入比重，η^{pe} 是产品国内价格相对于汇率的弹性，η^{p*e} 是产品国外销售价格相对于汇率的弹性，γ 是进口投入的产出弹性。垄断竞争市场上，产品国内价格相对于汇率的弹性与国内市场的进口渗透率成比例关系 $\eta^{pe} \propto kM$，国外价格的汇率弹性与国内市场进口渗透率成比例关系（Dornbusch，1989）。同时，假定进出口贸易均衡 $\chi M = 0$ 和 $\chi M^* = 0$，得出式（2-7）：

$$\frac{\partial L^T}{L^T}\bigg/\frac{\partial e}{e} = \frac{p}{\beta}\bigg[(1 + \eta^{-1})kM + \chi(1 + \eta^{*-1}) + \gamma\bigg(\frac{\partial Q^T}{\partial Z^{*T}}\bigg)^{-1}\bigg] \qquad (2-7)$$

第一个渠道是价格竞争渠道。价格相对于汇率的弹性 η^e 小于0，所以汇率贬值对就业的冲击产生负面效应。汇率贬值使产品的相对价格降低，根据马歇尔条件，马歇尔—勒纳条件得到满足，国内外需求增加，就业扩张；进口渗透率的提高，对汇率的就业弹性有促进作用。这与另一个渠道——通过进口投入 γ 影响就业的汇率弹性很难区分。汇率贬值提高了进口投入的成本，引起就业或者资本对进口投入的替代，从而扩大就业。

第二个渠道是出口竞争效应。一般而言，一国汇率贬值能够提升本国企业在国际市场上的竞争力，企业的出口导向定位对就业起关键作用。当汇率贬值时，出口需求增大，利润提高，厂商扩大产量，在技术水平不变的情况下，就业扩张。但是，以邻为壑的汇率贬值政策并非一定提高企业的利润，虽然它可能引导生产要素流向出口企业。同时，在分配成本存在的情况下，出口企业的异质性使它们在面对外部汇率贬值冲击时做出不同的反应，高生产率的企业倾向于提高产品价格的加成定价比例而不是调整出口量；低生产率的行业，则偏好调整出口量不改变价格的加成比例（Berman，Mayer, 2012)。

三资企业的平均生产率高于内资企业的生产率，所以，一个行业或者一国外商投资的程度对就业的影响很大。外商直接投资能够创造新的就业机会，并且由于行业进入壁垒，外商直接投资多数进入劳动密集型行业，例如，纺织、服装、玩具以及中低端电子器械等行业，外资投资提高出口的比例，在 2003 年外商投资企业的出口占到上述行业出口的约 60%。

第三个渠道是效率渠道。实际有效汇率从两个方面影响劳动力的效率，一方面，开放因素，开放带来的竞争，促使企业提高劳动效率，出口部门的劳动生产率一般大于非出口部门。企业出口伴随着和国外竞争企业的技术交流，通过"干中学"和规模效率带来企业劳动生产率的提高；另一方面，实际有效汇率对劳动者的使用产生直接作用，实际汇率升值提高了可贸易部门的工资报酬，刺激工人更加努力地工作，这种刺激作用是不平衡的，对非熟练劳动力的激励作用大于熟练劳动力。雷本斯特（Leibenstein, 1957）强调在发展中国家，过低的劳动报酬会损害工人的身体和工作能力，更不可能投资人力资本，即"X-efficiency"（Leibenstein, 1966）。汇率升值带来的工资报酬的提高对熟练劳动力的激励作用，一般认为会降低熟练劳动力的流动（Harris, 2001），这种效率的提高会使企业雇佣较少的劳动力来完成相同的产出，因此一般认为，效率渠道会对就业产生负面作用。

同时影响三个渠道的因素是生产技术 β，当生产技术是劳动密集型时，β 较大时，就业对汇率波动的敏感程度比较低；当生产技术是资本技术密集型时，β 较小时，就业对汇率波动的敏感程度比较高；当生产技术是希克斯中性时，β = 1，就业对汇率波动敏感程度不变。因为汇率变动是相对价格的变化，相对价格变化引起资本技术和劳动力的相互替代或者补充。

二、汇率影响就业和工资的研究述评

费利兹特克（Filiztekin，2004）利用土耳其 1981～1999 年工业面板数据发现，汇率对就业和工资的影响取决于该行业的贸易依存程度。汇率对劳动力需求的影响通过进口投入和出口需求渠道产生作用，贬值提高了企业的出口需求和竞争优势，同时也降低了使用进口投入企业的竞争能力，汇率贬值的综合作用导致了就业萎缩和工资的下降。就业和工资的汇率弹性，取决于行业对外依存程度的不同，其中，工资的反应远远大于就业的波动。

福如凯（Frenkel，2004）分析，阿根廷、智利、墨西哥和巴西四国就业面对汇率冲击的波动的反应时，认为汇率影响就业的机制有三个，第一，宏观经济渠道，指短期内影响就业汇率弹性的决定因素，例如，贬值带来企业需求的增加，就业增长；经济中大量闲置资本以及高的失业率对就业有负面影响。第二，发展渠道，指的是汇率变动作用于经济增长，从而影响就业的过程，重点是出口外向型的贸易政策对就业的促进作用。第三，是劳动力密集渠道，汇率通过影响贸易部门和非贸易部门生产技术来改变就业，一方面，实际有效汇率是劳动力和资本品相对价格的重要决定因素，也是影响企业进口投入品相对价格的关键因素之一；另一方面，实际有效汇率决定了实际工资水平，升值引起实际工资下降，劳动力成本降低，改变企业的劳动力与资本的投入比例。

曾莹（2006）利用行业实际有效汇率发现，实际有效汇率贬值将促进就业增长，升值不利于就业增长。而且，影响程度不是均衡的，对高开放度和劳动密集型行业的影响显著大于其他行业，其实际汇率贬值增加贸易部门就业的结论与以往的经验研究一致（万解秋，徐涛，2004；范言慧，宋旺，2005；鄂永健，丁剑平，2005）。
Ping Hua（2007）仔细分解了实际有效汇率升值影响就业的三

种渠道，他认为贬值通过提高进口投入品的价格成本以及工人的实际工资（技术渠道），降低出口（出口渠道）以及提高工人的劳动效率（效率渠道）降低就业。他利用 29 个省区市 1993～2002 年的省际面板数据估计升值对就业的负面影响，发现三种渠道都很显著，技术渠道的影响作用最大。

Ruo Chen 和 Mai Dao（2009）发现，人民币汇率升值，同时对贸易部门和非贸易部门的就业有较强的负面效应；实际有效汇率通过出口需求和进口投入渠道对贸易部门就业产生影响，但二者的影响相互抵消了一部分；出口比例比较高的地区行业的就业也经历了较强的负面影响；地区就业数据和行业水平的投入产出表表明，与可贸易部门联系紧密的服务行业的就业在面对实际汇率升值中经历了较强负面影响，这种与可贸易部门对称的效应是通过直接投入渠道产生的。

包群和邵敏（2008）发现，外商直接投资将对内资企业技能溢价有显著的正向作用。许和连等（2008）利用企业数据发现，FDI 进入对东道国劳动力市场有直接的劳动需求冲击，而且，具有较高技术水平和高生产率的外资企业偏好熟练工人或者高技术工人，技术工人或者熟练工人相对于非熟练工人的需求接近于完全就业，所以，FDI 不仅影响这两类工人的供需状态，还影响了其相对价格即技能溢价。此外，FDI 企业对内资企业有显著的正向技术溢出，从而提高内资企业的技术效率和工资水平。毛日昇和郑建明（2011）发现，无论长期或者短期，人民币实际汇率不确定性的提高对东道国市场导向型外商直接投资和出口导向型外商直接投资的择机进入有负面的影响。

伯们和迈耶（Berman，Mayer，2012）利用企业数据发现，面对汇率波动时，不同类型的出口厂商会有不同的反应。在分配成本存在的条件下，高生产率的出口商面对汇率贬值时倾向于提高商品的加成定价而不是提高出口产量；而低生产率的厂商则选择相反的策略。所以，厂商的异质性决定了出口变动的幅度，从而引起就业波动，导致工资（技能溢价）的变化。

Yu Sheng 和 Xin peng（2011）拓展了巴拉萨—萨缪尔森模型，不再视就业为完全就业。发现劳动力市场的匹配效率通过影响工人在就业、失业以及部门间流动的选择来影响实际有效汇率和部门生产效率关系的强度。

第三节　劳动力市场制度和实际汇率对就业的影响及研究述评

一、劳动力市场制度和实际汇率对就业的影响机制

佛纳德等（Fernando et al.，2010）在贸易模型中加入劳动力市场调整成本，并同时运用模拟和面板效应估计方法发现，低劳动生产率水平、高贸易依存度以及灵活的劳动力市场的行业面对汇率冲击时，就业波动更为敏感。

他们在伯们和迈耶（Berman，Mayer，2009）贸易模型的基础上，加入劳动力市场调整成本，发现在汇率冲击的条件下，高劳动市场调整成本降低就业汇率弹性、高劳动生产率降低就业汇率弹性以及汇率持久性提高就业汇率弹性。

$$U(C_i) = \left[\int x_i(\varphi)^{1-\frac{1}{\sigma}} d\varphi \right]^{\frac{1}{(1-\frac{1}{\sigma})}} \qquad (2-8)$$

在标准的 Dixit-Stiglitz 框架下，$x(\varphi)$ 是代表性消费者的多样化 φ 消费，企业用 φ 标识，生产一单位产品所需劳动力是 $\frac{1}{\varphi}$，两种产品之间的替代率是 $\sigma > 1$。贸易成本包括，冰山交易成本、一单位出口固定成本 $F_i(\varphi)$ 和一单位分配成本 η_i。

$$p_i^c(\varphi) \equiv \frac{p_i(\varphi)\tau_i}{\varepsilon_i} + \eta_i w_i \qquad (2-9)$$

假设冰山交易成本 $\tau_i > 1$，出口目的地国家用 i 表示，分配成本是同质的，不因产品多样化变化。产品出口到国家 i 的价格是 $p_i^c(\varphi)$，$p_i(\varphi)$ 是产品在国内的价格，w_i 是出口目的地国家的工资率，ε_i 是两国的名义汇率，是本币的外币价格。

多样化产品 φ 的需求函数是：

$$x_i(\varphi) = Y_i P_i^{\sigma-1} \left[p_i^c(\varphi) \right]^{-\sigma} \qquad (2-10)$$

Y_i 是出口目的地国家 i 的收入，P_i 是出口目的地国家 i 的价格指数，生产 $x_i(\varphi)\tau_i$ 单位多样化产品 φ 并出口到国家 i 的成本 $c_i(\varphi)$ 是：

$$c_i(\varphi) = \frac{w x_i(\varphi) \tau_i}{\varphi} + F_i(\varphi) \qquad (2-11)$$

出口多样化产品 φ 的收益（本币表示）是：

$$\pi_i(\varphi) = \left[p_i(\varphi) - \frac{w}{\varphi} \right] x_i(\varphi) \tau_i - F_i(\varphi) \qquad (2-12)$$

根据利润最大化的一阶条件得出企业最优价格是：

$$p_i(\varphi) = \frac{\sigma}{\sigma-1} \left(1 + \frac{\eta_i q_{i\varphi}}{\sigma \tau_i} \right) \frac{w}{\varphi} = m_i(\varphi) \frac{w}{\varphi} \qquad (2-13)$$

$q_{i\varphi} = \frac{\varepsilon_i w_i}{w}$ 是本国相对于出口目的地国家 i 的实际有效汇率，由于分配成本 η_i 的存在，边际成本的加成比例部分 $m_i(\varphi)$ 远远大于一般垄断竞争市场的加成比例 $\frac{\sigma}{\sigma-1}$。

产出汇率弹性为：

$$\zeta = \frac{\partial x(\varphi)}{\partial q_{it}} \frac{q_{it}}{x(\varphi)} = \sigma \frac{1}{1 + \eta_i q_i \varphi} \qquad (2-14)$$

可见，出口目的国劳动力市场上分配成本越高，产出汇率弹性越低，因为劳动力需求与产出的正比例关系，所以本书可以得到如下推论：劳动力需求汇率弹性与产出汇率弹性相同，分配成本越高，劳动力需求汇率弹性越低。

二、劳动力市场制度和实际汇率影响就业的研究述评

新贸易理论主要研究的是规模报酬递增和不完全竞争条件下的产业内贸易。梅利兹（Melitz，2003）提出异质企业贸易模型来解释国际贸易中企业的差异和出口决策行为。梅利兹（Melitz，2003）建立的异质企业动态产业模型以一般均衡框架下的垄断竞争动态产业模型为基础，扩展了克鲁格曼的贸易模型，同时引入企业生产率差异。

阿健度和梅利兹（Alejandro，Melitz，2007）的贸易模型，通过模拟和其他实证方法检验劳动力市场刚性、开放以及不同的劳动生产率水平对就业汇率弹性的影响。伯们和迈耶（Berman，Mayer，2012）在贸易模型的基础上推导出就业的汇率弹性，发现劳动生产率和竞争力影响就业针对汇率冲击的调整过程，劳动力市场调整成本越高，就业汇率的弹性越低。

伯们和迈耶（Berman，Mayer，2012）分析了不同生产率性质的出口企业面对汇率波动时的反应。他们在模型中加入分配成本（distribution costs），发现不同性质的企业面对汇率贬值时反应不同：高劳动生产率出口企业面对汇率贬值时，更倾向于提高价格的加成比例；低劳动生产率选择相反的策略——调整产量。并通过厂商产品价格汇率[①]弹性公式，预测价格汇率弹性随着劳动生产率、分配成本、企业规模以及实际汇率水平的提高而提高；通过产量汇率弹性公式，预测产量汇率弹性随着劳动生产率、分配成本、企业规模以及实际汇率水平降低而降低。

帕迟（Prachi，2009）在研究全球化对工资的汇率弹性影响时发现，移民影响工资的汇率弹性，影响程度取决于本国劳动力市场和国外劳动力市场的一体化程度。他利用 1981 ~ 2005 年 66 个国家

---

① 汇率是指实际汇率水平。

的数据发现，在劳动力流动壁垒较大的国家，工资对实际有效汇率的弹性是0.1，低劳动力流动壁垒国家的工资汇率弹性是0.4。

恩哈纳和欧莱格（Elhanan，Oleg，2010）在两部门贸易模型中加入工人的搜寻成本，探索劳动力市场刚性与贸易壁垒的交叉项对福利、生产率、贸易流动以及失业率的影响机制。模型假定两个部门，其中一个部门生产同质产品，另一个部门生产异质产品，并且生产异质产品的行业拥有企业异质性和垄断竞争性质、恩哈纳和欧莱格（Elhanan，Oleg，2010）贸易模型中引入劳动力市场工人搜寻成本和工资谈判，而且搜寻成本和工资谈判是国家不同质的唯一来源。他们发现，较低劳动力市场摩擦的国家，贸易开放提高了失业率。反之，贸易开放降低失业率。

研究汇率与就业和工资关系的文献主要有，卡帕和古德伯格（Campa，Goldberg，2001）及纳斯和普邹鲁（Nussi，Pozzolo，2010）的劳动力市场动态均衡模型。汇率通过影响本国市场上和外国市场上的边际收益以及进口投入的成本影响劳动力需求，而边际收益对汇率的弹性取决于工业 pass-through 弹性。

研究中国汇率和就业关系的 Hua（2007）和 Ruo Chen（2010）虽然分别具体分析了汇率的传播渠道和非贸易部门的就业调整过程，但是都没有考虑劳动力市场的调整成本。本书将在卡帕和古德伯格（Campa，Goldberg，2001）分析的基础上，沿用和简化伯们和迈耶（Berman，Mayer，2012）和佛纳德等（Fernando et al.，2010）的模型，首先，在贸易模型中加入劳动力市场调整成本的函数，推导最优化条件下，劳动力市场调整成本、贸易开放度、劳动生产率与就业汇率弹性的关系；其次，按照细分行业的分类①构建中国工业和采掘业行业的劳动力市场灵活性指标和实际有效汇率指

---

① 细分行业包括采掘业和制造业39个部门，由于在贸易数据分类时将食品制造和农副食品加工合在一起，为了保证贸易数据和细分行业一致性，将这两个行业合成一个，同时，去掉其他采矿业、工艺品及其他制造业、废弃资源和废旧材料回收加工业、燃气生产和供应业以及水的生产行业。

标，估计劳动力市场刚性、贸易开放以及劳动生产率水平与中国行业的就业汇率弹性的关系是否符合模型的推论。此外，应用 differences-in-differences 方法检验劳动力市场流动性，可能通过行业内部和行业之间的就业流动影响就业汇率弹性以及伯们和迈耶（Berman，Mayer，2012）隐含的推论，即劳动力市场灵活性可能在不同的生产率行业对就业汇率弹性的影响不同。

第三章

汇率、劳动力市场制度与劳动力市场调整的经验比较

本章主要从发展概况层面，运用中国的宏观经济数据对中国汇率、劳动力市场制度和就业以及工资的发展现实进行了较为细致的分析，其中，汇率的发展状况采用的国别的标准，劳动力市场制度主要从樊纲编制的劳动市场化指数角度考察劳动力市场制度的发展趋势，采用的是地区数据。就业变化主要强调中国可贸易工业行业间差异与行业内差异的同时，也对工业行业不同行业类型的就业趋势进行了判断。而工资和技能溢价的差异也从上述两方面展开，不仅分析了行业内部工资和技能溢价的发展态势还强调不同行业类型工资和技能溢价的差异。此外，本章还考察 OECD 国家的汇率、就业保护和就业以及工资的关系，从横向对比的角度，判断中国劳动力市场制度对劳动力市场保护与 OECD 国家成熟的灵活—安全的劳动力市场模式存在的差距。

本章主要包括两部分，第一部分是中国汇率、劳动力市场制度与就业和工资的发展现状，第二部分从纵向层面考察 OECD 国家的汇率、就业保护和就业以及工资的关系，同时，从横向对比的角度判断中国劳动力市场制度与 OECD 国家成熟的灵活—安全的劳动力

市场模式存在的差距。

第一节 中国汇率、劳动力市场制度与就业和工资的发展现状

一、中国汇率发展状况

人民币汇率改革问题，是国际社会争论的焦点之一。从 1994 年人民币实行有管理的浮动汇率以来，其波动幅度控制在 1%。但是，随着中国贸易顺差的持续增加，尤其是加入世界贸易组织以后，中国的贸易持续的双顺差和巨额外汇储备使得人民币升值压力增加。2003 年，日本财相在七国财长会上提出人民币升值的要求，继美国财长斯诺讲话和亚欧会议的声明人民币升值之后，美国"健全美元联盟"提出通过"301 条款"促使人民币升值的法案。中国正式直面人民币升值的压力是七国财长同中国财政部长金人庆和中央银行行长周小川在 2004 年 10 月 1 日华盛顿召开的西方七国特别会议（G7）的讨论——改变人民币汇率制度和增加人民币汇率灵活性。[①]

中国人民币升值的实质是贸易之争。中国"入世"之后，并没有出现进口激增，相反出口大幅增加，贸易顺差大幅增加。中国外汇储备居世界首位，2002 年外汇储备为 3400 亿美元，截至 2011 年末，中国外汇储备达 31811.48 亿元，较 2011 年三季度末净减少 206 亿美元，这是中国外汇储备 1998 年以来首次季度负增长，资金流出的迹象愈发明显。截至 2011 年四季度末，中国外汇占款余额为 253587.01 亿元，较三季度末的 255118.23 亿元下降 1531.22 亿

[①] 周小川. 中国正在诚心诚意推进汇率机制改革. 中国新闻网，2004.10.3.

元，其中，12月末中国外汇占款达253587.01亿元，较11月末的254590.31亿元减少1003亿元。2013年12月末，外汇占款的降幅高达2233亿元，2014年末，外汇占款减少近1290亿元，2015年12月末，外汇占款减少高达7082亿元，2016年末，外汇占款继续14个月下降的态势，余额下降3178亿人民币，下降为21.9万亿元低位。①

美国认为，中国实行的"钉住美元汇率"政策，制约了美元贬值的积极效用，仅仅是通过国际市场的竞争增强了中国企业的出口竞争力和技术提高，进一步扩大了中国对美国和世界的出口。2002年，美元贬值的同时创造了美国外贸逆差的历史峰值4352亿美元，对华贸易逆差达到1031亿美元。美国希望通过人民币升值，阻碍中国商品大规模进入美国。

亚洲金融危机爆发后，泰国、印度尼西亚等东亚经济体纷纷放弃了钉住美元的汇率制度，加大了汇率浮动的幅度，实行了比较灵活的汇率制度。由于中国在东亚地区的贸易、投资以及金融中占据重要的地位，人民币具备成为区域锚货币的潜力，在亚洲金融危机期间人民币币值的高度稳定使之承担起了稳定区域内货币金融秩序的职责。日本虽然极力争夺未来"亚元"的主导权，但是日元兑美元汇率的不稳定成为引发亚洲金融危机爆发及区域经济动荡不稳定的重要因素之一，加上日本近十年来经济增长乏力，所以影响力降低。相比之下，中国由于经济高速增长，已经逐渐成为亚洲经济发展的"火车头"和世界经济发展的"引擎"，因此人民币的价值日趋提高。在2002年日本财长盐川正十郎提出议案，提请七国集团通过"与1985年针对日元的'广场协议'类似的文件"迫使人民币升值，标志着中国对外经济摩擦正在由微观层面向制度层面扩散。

---

① 《中国统计年鉴》，中国统计出版社。

2005 年，中国开始实行以市场供求为基础，参考"一篮子"货币进行调节，有管理的浮动汇率制度。将日浮动幅度设为正负 0.3% 之后又调整为 0.5%。此后人民币开始升值，中国进行汇率制度改革之后，马来西亚紧随其后，放弃了钉住美元的汇率制度，开始升值。2007 年，美国"次贷危机"爆发后，美元汇率一路走低，2008 年 7 月之后，美国救市计划的实行以及资金规避风险的需求推动美元小幅反弹，此间韩元大幅贬值，日元先贬值后升值，人民币汇率比较稳定，保持在 6.83 元人民币/美元。

2010 年 6 月 19 日，中国人民银行宣布"将进一步推进人民币汇率形成机制改革，增强人民币汇率弹性，对人民币汇率浮动进行动态管理和调节"。2011 年，人民币小幅升值，双向浮动特征明显，汇率弹性明显增强，人民币汇率预期总体平稳。2011 年年末，人民币对美元汇率中间价为 6.3009 元，比 2010 年末升值 3218 个基点，升值幅度为 5.11%。人民币汇率形成机制改革以后，2005～2011 年间，人民币兑美元汇率累计升值 31.35%。根据国际清算银行的计算，2011 年，人民币名义有效汇率升值 4.95%，实际有效汇率升值 6.12%；2005 年，人民币汇率形成机制改革以来至 2011 年 12 月，人民币名义有效汇率升值 21.16%，实际有效汇率升值 30.34%。此后，人民币汇率保持小幅升值的趋势，在 2014 年 1 月达到最高值 6.09，此后贬值通道开启，2015 年人民币汇率全年贬值 5.8%，"8·11"汇改形成了新的汇率形成机制，汇率市场化又向前推进了一步，但人民币汇率贬值的基础仍旧存在，在 2016 年人民币加入 SDR 之后，全年人民币中间价贬值近 6.83%，[①] 见表 3–1。

---

① 《中国统计年鉴》，中国统计出版社。

表 3 - 1　　　　　　　　中国实际有效汇率　　　　　单位：人民币/美元

1994 年	1995 年	1996 年	1997 年	1998 年	1999 年	2000 年	2001 年	2002 年
8. 5278	8. 3128	8. 3001	8. 283	8. 2782	8. 2773	8. 2778	8. 277	8. 2768
2003 年	2004 年	2005 年	2006 年	2007 年	2008 年	2009 年	2010 年	2011 年
8. 2766	8. 2765	8. 0877	7. 8983	7. 509	6. 8339	6. 828	6. 658	6. 30

资料来源：《中国统计年鉴》，中国统计出版社。

二、劳动力市场上就业和工资的发展状况

劳动力市场是要素市场的重要组成部分。劳动力市场上的各种制度安排较之其他要素市场更为复杂。外部的各种冲击，会引起劳动力这种要素的波动和调整。灵活安全的劳动力市场不仅能够平衡公平和效率，而且，其承受全球化的冲击的能力也高于中央集权制国家的劳动力市场。但是，一个国家的劳动力市场制度设计与多方面的因素有关系，如各种生产要素的相对稀缺程度，社会传统的价值观念等。即便在发达的市场经济国家，其劳动力市场制度也非一夜之间形成，而是经过各方面的权衡甚至冲突才形成既有的格局。

劳动力市场跟随中国市场经济改革也逐步市场化。中国劳动力流动和工资决定的市场化不断推进，劳动力自由流动和工资自主决定程度大大提高，劳动力市场逐步完善，促进了社会生产力水平的提高。

首先，劳动力市场信息化程度不断提高，在一定程度上解决了劳动力跨地区、跨行业流动的信息不对称问题，促进了劳动力向高效率、高收益的地区和行业的流动，提高了劳动力的配置效率。2006 年，在各省级行政单位全部与劳动和社会保障部实现联网，20个省（区市）实现了与全部所辖地市的联网。[①]

其次，劳动力工资决定市场化机制不断完善。工资是劳动力的

---

① 《2006 年度劳动和社会保障事业发展统计公报》。

价格。工资的决定机制，是劳动力市场化的核心机制。2005 年，劳动和社会保障部等四部委共同下发的《关于进一步推进工资集体协商工作的通知》，使得工资协商制度在企业层面不断推广。农民收入的市场化程度提高，农民收入中的非农收入所占比重不断提高。2004 年，这一比例为 52.4%，在 2006 年达到 57.6%。

最后，劳动力的自主择业程度在城镇和农村层面都取得很大的提高，自主择业程度指劳动者根据行业间劳动条件、工资水平的差异以及个人自身工作能力来选择职业的自由程度，是劳动力跨行业流动中的重要指标。自 1995 年国家推行全员劳动合同制之后，国有大型企业的劳动合同签约率随着现代企业制度的完善不断提高，在 2004 年达到 95%，2006 年增长到 96.7%。另外，国家采取多项有力措施促进农村剩余劳动力的有序流动和自主择业，包括取消农民工在城市就业的歧视性政策和行政审批制度。这些措施推动了城乡劳动力市场一体化，其中，非农就业人口占农村就业人口的比例从 2004 年的 36.8% 增长到 2006 年的 40.5%。农村向城市转移的剩余劳动力，占农村劳动力的比例从 2004 年的 34.9% 提高到 2006 年的 37%。①

（一）中国工业部门就业状况及行业间差异

从表 3 - 2 中可以看到，中国工业部门的就业人数在 2002 年是分水岭，在 2002 年之前，就业人数呈现缓慢下降的趋势，1999 年，环比下降速度为 2.42%，2000 年，环比下降速度增大为 4.23%，2001 年的下降势头有所减缓，约 2.12%。2002 年起，工业部门的就业人数呈现稳步上升阶段，这种上升趋势持续到 2009 年。2002 年，就业人数环比增长 1.5%，2003 年的就业人数的增长幅度进一步提升，达到 4.1%；2004 年，随着国际贸易的快速深化和汇率的稳定攀升，就业人数的增长幅度达到 6.1%；这一增长势头在 2005

---

① 《中国统计年鉴》，中国统计出版社。

年达到高峰，环比增长速度为13.1%；此后，增长幅度下滑，2006年就业人数的增长幅度为6.7%；2007年后半年随着美国次贷危机的爆发，就业人数的增长速度约7%；2008年随着次贷危机演变成全球的金融危机，中国的出口贸易受到影响，中央政府进行一系列的政府投资和就业制度的改革，就业人数在内需扩张的带动下，一度高达12.2%；2009年，随着国内经济的房产"泡沫"、通货膨胀预期以及欧债危机的影响，就业开始下滑，见图3-1。

表3-2　　　　　　　　中国的工业部门就业人数　　　　　　单位：人

1998 年	1999 年	2000 年	2001 年	2002 年	2003 年
59492779	58050500	55593600	54414300	55206600	57485700
2004 年	2005 年	2006 年	2007 年	2008 年	2009 年
60986200	68959600	73584300	78752000	88376300	88312200

注：工业部门是全国规模以上企业的就业人数。
资料来源：历年《中国统计年鉴》，中国统计出版社。

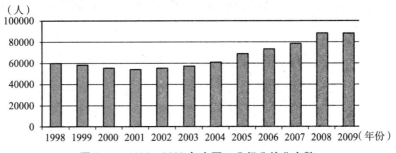

图3-1　1999~2009年中国工业行业就业人数

注：工业部门是全国规模以上企业的就业人数。
数据来源：历年《中国统计年鉴》，中国统计出版社。

（二）中国工业部门工资及技能溢价的变化趋势

在中国工业行业就业增长的过程中，工人的实际工资水平也随之上升，见表3-3。

表3-3　　　　　细分行业平均工资和增长率

行业	1998年	1999年	2000年	2001年	2002年	2003年	2004年	2005年	2006年	2007年	2008年	2009年
资源密集	7388.473	7855.864	8198.374	9528.385	10995.69	12814.11	15241.77	18519.63	21474.88	23828.02	27304.57	30437.09
增长率	1	6.325954	4.359929	16.22287	15.39928	16.53762	18.94521	21.50575	15.9574	10.9576	14.59018	11.47252
劳动密集	6039.228	6733.305	7365.68	7985.646	8988.504	10073.55	10942.88	12215.54	13895.33	15426.35	16908.24	18726.38
增长率	1	11.4928	9.391759	8.416956	12.55824	12.07148	8.62982	11.63006	13.75121	11.01824	9.606268	10.75295
资本密集	8167.685	9165.407	10333.13	11575.14	13114.77	14675.38	15918.58	17354.21	19446.22	21278.39	22838.2	25072.62
增长率	1	12.21549	12.74054	12.01967	13.30117	11.8997	8.471326	9.01855	12.05477	9.421718	7.330486	9.783712

注：数据来源于历年《中国统计年鉴》，中国统计出版社。

可见，资源密集型行业工人的平均工资最高，平均工资在1998年为7388元，仅次于资本密集型行业工人的平均工资，最高的平均工资是8168元。劳动密集型行业工人的工资最低，在1998年平均工资是6039元。2000年和2001年资本密集型行业工人平均工资的增长率最高，分别高达12.7%和12.1%；劳动密集型行业工人的平均工资的增长率次之，增长率高达9.39%和8.41%；资源密集型行业工人平均工资的增长率最低，2000年的增长率为4.35%，2001年工资得到大幅度提升，增长率高达16.2%，在中国加入世界贸易组织的当年，增长率回落到15.4%，但仍然高于所有行业工人的工资增长率。① 2002～2005年人民币汇率进行改革之前，所有行业的工资增长率达到高峰期，其中，资源型行业的工人平均工资增长率最高，在2003年高达16.5%，在2004年增长率继续提升，达到18.9%，在2005年达到最高值21.5%，2005年其平均工资的实际值超过资本密集型行业工人的平均工资；人民币汇率改革之后，增长势头有所减缓，但仍然是所有行业中最高的，2009年工人的平均工资高达30437元。劳动密集型行业工人的平均工资一直处于最低位置，其增长率在2002年达到峰值12.5%，② 此后在波动中下滑，2005年人民币汇率改革以后，2006年增长率又达峰值13.7%，随着美国次贷危机引致需求的下滑，增长率向下浮动，在2009年平均工资高达18726元，远远低于资源密集型行业和资本密集型行业工人的平均工资。资本密集型行业工人的平均工资在1998年最高，平均工资是8168元，在1999年和2000年的增长率最高，分别为12.2%和12.7%，在中国"入世"之后，增长势头下滑，平均工资低于资源密集型行业工人的平均工资。此后，其增长势头低于劳动密集型行业工人的平均工资，增长率居于最低位置，在2009年其增长率接近劳动密集型行业工人平均工资的增长率，平均工资高达25072元，

---

① ② 数据来自于表3-3。

居于第二位。

　　由此可见，在1998年，资本密集型行业工人的平均工资最高，但是，中国在加入世界贸易组织之后，其增长率下滑，在2005年人民币汇率改革之后其增长率与劳动密集型行业和资源密集型行业工人平均工资的增长率拉开的距离很大，处于最低位置。资源密集型行业工人的平均工资的增长率高居首位，平均工资在2005年人民币汇率改革的当年超过居于首位的资本密集型行业工人的平均工资，此后其增长率和绝对值都居于首位。劳动密集型行业工人的平均工资一直居于最低位置，虽然2002年之后的增长势头高于资本密集型行业工人的平均工资的增长势头，但是平均工资在2009年仍然是最低的。

　　在此期间，中国工业行业熟练劳动力和非熟练劳动力相对工资的变化，即（技能溢价）的变化趋势总体上呈现上升的趋势，见表3-4。

　　表3-4是中国工业行业34个行业熟练劳动力与非熟练劳动力的技能溢价。其中，熟练劳动力本书用科技活动人员表示，非熟练劳动力用各个行业总就业人数与科技活动人员之差表示。熟练劳动力工资用科技活动人员的报酬表示，非熟练劳动力工资用总工资与科技活动人员总工资之差表示。这样分类的理由，是统计数据的分类。总体上看来，几乎所有行业2009年的技能溢价程度远远大于1998年的技能溢价程度。其中，印刷业和木材加工业两个行业2009年熟练工人的技能溢价低于1998年的技能溢价程度，见表3-5。

　　资源密集型行业熟练工人的技能溢价普遍较低。平均技能溢价是0.988。最高的技能溢价出现在2002年。黑色金属矿采选业熟练工人的技能溢价是1.833。此后迅速下滑，2005年人民币汇率改革是拐点，达到0.813。此后一直下滑，到2008年美国次贷危机全面爆发后开始回升，在2009年达到1.429。有色金属行业熟练工人技

表3-4　中国工业行业熟练劳动力与非熟练劳动力的技能溢价

	1998年	1999年	2000年	2001年	2002年	2003年	2004年	2005年	2006年	2007年	2008年	2009年
煤炭开采和洗选业	0.420	0.574	0.797	0.788	1.008	1.056	1.017	1.026	0.897	0.969	0.824	0.751
石油和天然气开采业	0.644	0.635	0.938	0.955	1.069	1.108	0.921	0.727	0.795	1.094	0.970	0.976
黑色金属矿采选业	0.423	0.647	0.830	0.868	1.833	1.327	0.417	0.813	0.666	0.582	1.041	1.429
有色金属矿采选业	0.531	0.479	0.837	1.224	1.207	1.188	1.679	1.487	1.210	0.964	1.205	1.523
非金属矿采选业	0.723	0.565	1.093	1.132	0.919	1.614	1.543	1.436	1.311	1.271	1.117	1.160
农副食品加工业	0.866	0.961	1.534	1.406	1.573	1.571	1.741	1.505	1.283	1.425	1.522	1.639
饮料制造业	0.915	0.787	1.822	1.696	1.661	1.932	2.338	1.900	1.755	1.861	1.986	2.078
烟草制品业	0.641	0.628	1.060	1.077	1.049	1.144	1.157	1.063	1.126	1.130	1.140	1.162
纺织业	0.800	0.810	1.367	1.370	1.685	1.687	2.151	1.732	1.794	1.935	1.692	1.543
纺织服装、鞋、帽制造业	0.772	1.123	1.507	1.669	1.797	2.453	1.953	1.747	2.253	1.712	2.062	2.342
皮革、毛皮、羽绒及其制品业	0.974	1.296	1.336	2.704	2.241	2.158	2.919	2.190	1.875	1.683	1.796	2.011
木材加工及木、竹、藤、棕、草	1.426	1.146	2.312	2.920	2.047	2.065	4.081	2.098	1.607	1.808	1.179	0.750
家具制造业	0.735	1.102	1.480	1.535	1.398	1.528	1.664	2.025	2.270	2.087	2.520	3.288
造纸及纸制品业	0.942	0.747	1.318	1.439	1.584	1.560	1.468	1.557	1.913	1.905	1.611	1.406

续表

	1998 年	1999 年	2000 年	2001 年	2002 年	2003 年	2004 年	2005 年	2006 年	2007 年	2008 年	2009 年
印刷业和记录媒介的复制	2.143	0.895	1.307	1.840	1.770	2.189	1.876	1.293	1.487	1.617	1.477	1.419
文教体育用品制造业	1.323	1.000	1.996	1.874	1.569	1.802	1.561	1.479	1.686	1.534	1.889	2.249
石油加工、炼焦及核燃料加工业	0.586	0.677	1.248	1.317	1.175	1.106	1.195	1.234	0.972	1.028	1.009	0.959
化工原料及化学制品制造业	0.974	0.894	1.355	1.592	1.722	1.918	2.311	1.854	1.700	1.665	1.511	1.459
医药制造业	0.907	0.987	1.443	1.505	1.692	1.648	1.708	1.577	1.409	1.421	1.304	1.173
化学纤维制造业	0.840	1.134	1.379	1.576	1.386	1.741	2.124	2.063	2.174	1.866	1.615	1.379
橡胶制品业	1.361	0.871	1.307	1.496	1.561	1.716	1.807	1.895	2.089	2.060	1.809	1.680
塑料制品业	1.073	1.141	1.343	1.463	1.312	1.723	2.129	1.869	1.976	1.780	1.544	1.458
非金属矿物制品	0.750	0.706	1.324	1.624	1.482	1.668	1.998	1.631	1.459	1.410	1.274	1.207
黑色金属冶炼及压延加工业	0.511	0.522	0.987	0.952	1.010	1.120	1.222	1.212	1.129	1.165	1.336	1.539
有色金属冶炼及压延加工业	0.428	0.515	0.938	1.022	1.069	1.170	1.206	1.182	1.253	1.247	1.184	1.189
金属制品业	1.393	0.864	1.324	1.427	1.444	1.645	2.193	1.769	1.636	1.847	1.592	1.444

续表

	1998 年	1999 年	2000 年	2001 年	2002 年	2003 年	2004 年	2005 年	2006 年	2007 年	2008 年	2009 年
通用设备制造业	0.818	0.891	1.413	1.392	1.586	1.623	1.645	1.511	1.601	1.578	1.547	1.605
专用设备制造业	0.855	0.893	1.341	1.456	1.544	1.639	1.872	1.577	1.631	1.587	1.397	1.317
交通运输设备制造业	0.665	0.807	1.041	1.120	1.178	1.272	1.456	1.337	1.380	1.279	1.370	1.519
电气机械及器材制造业	0.922	1.064	1.532	1.753	1.812	2.064	2.314	2.253	1.978	2.096	1.881	1.845
通信设备、计算机及其他电子	1.311	1.541	2.497	3.127	3.240	3.118	3.499	3.432	2.846	2.559	2.464	2.481
仪器仪表及文化、办公用机械	0.975	0.872	1.232	1.132	1.530	1.365	2.108	2.070	1.644	1.703	1.493	1.433
电力、热力制造业的生产和供应业	0.333	0.348	0.756	0.899	0.925	0.904	0.852	0.793	0.682	0.637	0.654	0.697

资料来源：数据根据本研究计算得到。

表 3 - 5　　　　　　　　细分行业熟练工资技能溢价的统计特征

行业特征	Obs	Mean	Std. Dev.	Min	Max
资源密集型行业	60	0.9875953	0.3279725	0.417454	1.833414
劳动密集型行业	156	1.524916	0.5269658	0.511051	4.080512
资本密集型行业	180	1.509947	0.5555389	0.332623	3.49858

资料来源：由 stata 11 计算得到。

能溢价的峰值出现在 2004 年的 1.679，此后下滑的趋势截至 2008 年美国金融危机爆发。煤炭采选业熟练工人的技能溢价峰值出现在 2003 年的 1.056，之后随着人民币汇率改革和美国次贷危机一路下滑，下滑的势头在 2009 年有所遏制，然而，近期欧洲主权债务危机的爆发，减弱了煤炭行业熟练工人的工资上升的幅度。非金属矿采选业熟练工人技能溢价的趋势在 2003 年达到最大值 1.614 之后，一路下滑。资源密集型行业熟练工人的技能溢价的最小值 0.417 出现在 1998 年煤炭行业。标准差是 0.328，见图 3 - 2。

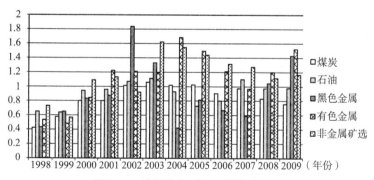

图 3 - 2　资源密集型行业的技能溢价

资料来源：见表 3 - 5。

劳动密集型行业熟练工人的技能溢价平均值是 1.525，标准差是 0.527，最高值 4.08 出现在 2004 年木材加工行业，最小值 0.511 出现在 1998 年黑色金属冶炼及压延行业。家具制造行业熟练工人的技能溢价一直处于上升的态势，从 1998 年的 0.735 上升到 2009

年的 3.288，约是原来的 4 倍多。木材加工行业工人的技能溢价峰值出现在 2004 年，此后一直处于下滑的趋势；纺织、服装鞋帽行业工人的技能溢价在波动中上升，2009 年的技能溢价达到 2.342，接近 2003 年的水平；专用设备行业和非金属矿物行业工人的技能溢价在 1998～2009 年期间绝对值和变化趋势十分相近，印刷行业的波动幅度相比前两个行业的波动幅度要大，但在 2009 年的数值很相近；其他行业的变化趋势是在波动中上升，虽然达不到在 2003 年、2004 年的峰值，但仍显示出上升的势头。

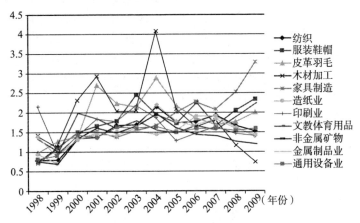

图 3 - 3　劳动密集型行业工人的技能溢价变化趋势

数据来源：数据根据本研究计算得到。

资本密集型行业工人的技能溢价 1998～2009 年平均水平是 1.591，标准差是 0.556，最大值是 2004 年通信、计算机以及其他电子行业 3.499，最小值是 1998 年电力、热力的生产和供应业 0.3326。其实，通信、计算机以及其他电子行业熟练工人的技能溢价在 1998～2009 年期间一直高于其他资本密集型行业熟练工人的技能溢价，在中国加入世界贸易组织当年有短暂的下降，此后一直攀升，在 2005 年人民币汇率进行改革之前达到峰值，之后一直大幅度下降，到 2009 年下降趋势有所减缓；技能溢价最低的行业是电力热力的生产和供应业，在 2002 年中国加入世界贸易组织当年达到峰值 0.925 之后，一直处于下降的趋势，在 2007 年美国次贷危机爆发之后，开始上升；有色金属冶炼和烟草制造业技能溢价的变化趋势很相近，在经济波动中缓慢上升，有色金属冶炼及压延业技能溢价在 2002 年超过烟草制造行业；金属制成品行业技能溢价在 2004 年达到峰值，此后一直下滑，在 2007 年略有上升但是仍然难以阻止下滑的势头；饮料制造业技能溢价的变化趋势较复杂，在 2000 年达到局部最大值之后，在波动中于 2004 年攀升到最大值，此后一路下滑，2007 年之后开始回升，但是仍然低于 2004 年的最高值；非金属矿物制造业和医药制造行业熟练工人的技能溢价波动趋势类似，都是在 2004 年达到峰值，此后一路下滑；农副产品加工和制造行业熟练工人的技能溢价的波动趋势略为复杂，在 2004 年攀升峰值之后，先下降后上升，是唯一一个在峰值下降趋势之后明显上升的行业，2009 年技能溢价达到 1.639，接近 2004 年的最高值约为 1.7。化工原料以及化工制品行业和塑料行业的波动趋势相似，在 2004 年达到峰值，此后处于下滑的趋势，见图 3 - 4。

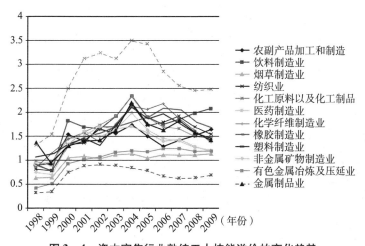

图 3 - 4　资本密集行业熟练工人技能溢价的变化趋势

数据来源：由 stata 11 计算得到。

三、劳动力市场化发展状况

(一) 劳动力市场化指数

中国已建立起市场经济体制,但中国在参与世界经济贸易的时候,屡次被当作"非市场经济国家",在国际贸易中严重损害了中国的利益。关于市场经济与非市场经济的标准,美国商业部认为非市场经济国家是指不按市场成本和价格规律进行运作的国家,它对市场经济有六个法定要求 [19U. S. C 1677 18]:一是货币的可兑换程度;二是劳资双方进行工资谈判的自由程度;三是设立合资企业或外资企业的自由程度;四是政府对生产方式的所有和控制程度;五是政府对资源分配、企业的产出和价格决策的控制程度;六是商业部认为合适的其他判断因素。其中,第二条就涉及了劳动力要素的市场自由化程度。

欧盟在 1998 年颁布了 905.98 号法令,允许中国应诉企业在反倾销调查中申请市场经济地位,同时,规定了五条判定市场经济地位的标准。其中,第一条就是市场经济决定价格、成本以及投入等。加拿大在对非市场经济问题的调查中包含了国有企业的市场化程度,其中,包括企业所有制形式,国有企业改制的时间与完成方式,政府控制的国有企业中要素价格包括原材料、能源、劳动力成本以及产品数量价格是如何确定的以及企业的劳资关系。可见,欧美国家在反倾销中,对生产要素市场化给予极大关注,尤其重视劳动力流动和工资决定是否实现了市场化。

中国随着市场经济体制的改革,计划经济时期的就业制度和相关规制也经历了变革,农村劳动力流动逐渐打破城乡分割的二元劳动市场制度,劳动力市场一度体现出充分的灵活性和市场化程度,其中,劳动力市场化程度可以从劳动力的自主择业程度、工资自主决定程度、劳动力流动的自由度、劳动力用人单位用工自由度以及劳动力工资反映地区经济水平差异程度等五个方面来反映。但是，也存在问题，例如，户籍制度导致中国公共服务和社会保障的城乡差别，劳动力市场实际呈现出地理分割态势；非农产业的劳动力需求与劳动力供给的地理割裂，就业对经济周期反映的缓慢，市场调节就业制度运行的不畅，使得不同地区在空间上出现"用工荒"与"返工潮"现象，以及大学生就业难，高级技工稀缺等熟练劳动力供给过剩与不足并存的严重的供需不匹配。根据经验研究我们初步认为，与工业化国家类似发展阶段的情况或其他发展中国家相比，当前中国劳动力市场较显著的差异表现在，一是劳动力市场体现着明显的转型期特征。中国转型期劳动力市场存在的区域、行业劳动力市场分割、市场机制不完善导致搜寻成本过高、城乡二元结构和户籍制度等因素，降低了市场灵活性，而社会保障机制不健全则使市场稳定性得不到保证。在中国经济高度开放的情况下，市场缺乏灵活性意味着对外部冲击的调整适应能力差，导致稳定性下降，反过来会制约灵活化；而社会保障机制缺乏等导致的低稳定性，使劳动者承担了过大调整成本，结果劳动力市场的灵活性必将受到抑制，进而阻碍稳定性的提高，这些都将对劳动生产率产生重要的影响。

劳动力市场化指数，见表3－6。

表3－6　　　　　　　　劳动力市场化指数

年份	1997	1998	1999	2000	2001	2002	2003	2004	2005	2006	2007	2008
平均	2.43	2.47	2.37	2.36	2.56	2.90	3.40	3.82	4.17	4.62	4.91	6.00
北京	9.46	6.61	4.68	4.94	5.34	6.81	6.25	6.38	6.94	6.56	7.10	5.98
天津	8.70	9.70	1.26	1.34	1.64	1.55	1.08	2.07	2.63	2.87	3.47	5.08
河北	1.47	1.31	3.10	2.73	2.63	2.67	2.76	2.89	3.06	3.19	3.15	5.71
山西	2.82	1.74	2.83	2.36	2.41	2.72	2.63	2.84	2.67	3.16	3.38	5.98
内蒙古	0.70	0.68	0.49	0.51	0.60	0.60	0.86	0.95	1.51	1.63	1.59	4
辽宁	0.81	0.82	0.81	0.97	1.55	1.81	2.24	3.06	3.06	3.42	3.44	6.09

续表

年份	1997	1998	1999	2000	2001	2002	2003	2004	2005	2006	2007	2008
吉林	0.61	0.28	0.00	0.17	0.13	0.17	0.17	0.17	0.34	0.73	0.70	3.7
黑龙江	0.10	0.08	0.04	0.14	0.00	0.09	0.13	0.09	0.22	0.34	0.41	1.71
上海	1.83	3.74	1.17	1.57	1.81	1.98	4.31	5.04	3.84	5.66	6.69	4.31
江苏	1.33	1.23	2.97	2.73	2.41	2.76	3.28	4.05	5.00	6.81	7.50	7.78
浙江	3.38	4.44	6.30	6.98	6.98	7.59	8.97	11.68	13.36	14.71	15.05	11.94
安徽	0.21	0.20	1.57	1.43	1.81	2.46	2.59	2.59	2.63	3.02	3.12	4.24
福建	5.34	4.41	8.50	9.43	10.00	11.21	12.80	14.40	15.78	16.73	17.03	12.66
江西	0.70	0.17	0.90	0.97	1.38	1.68	2.11	2.54	2.97	3.44	4.70	5.44
山东	0.32	0.20	3.10	3.19	3.41	3.49	4.01	4.40	5.78	6.30	6.34	8.15
河南	1.36	1.45	2.07	2.13	2.24	2.63	2.84	3.02	3.10	3.83	3.85	8.43
湖北	1.07	1.05	1.21	1.06	1.16	1.64	2.28	3.10	3.66	4.48	4.54	5.04
湖南	0.90	0.94	1.62	1.57	1.51	2.28	2.93	3.23	4.44	4.41	4.71	4.91
广东	9.67	10.05	6.30	7.39	6.90	7.84	8.79	10.09	10.34	10.99	11.64	11.38
广西	1.43	1.41	1.98	1.85	1.77	2.33	2.72	3.19	3.53	3.87	4.09	5.16
海南	3.21	3.08	0.76	0.97	1.12	1.34	1.59	1.77	1.98	2.41	1.87	2.63
重庆	0.02	2.84	2.56	2.63	3.28	3.97	5.34	5.91	5.95	6.86	6.89	7.53
四川	0.69	0.66	3.10	3.19	3.62	4.44	5.22	5.56	6.03	6.65	7.31	7.25
贵州	1.45	1.46	2.47	2.36	2.93	2.97	3.28	3.71	4.74	4.59	4.80	8.55
云南	1.81	1.44	3.69	3.42	3.23	2.89	3.75	3.84	4.22	5.26	7.74	7.57
西藏				0.00	1.64	1.64	2.28	2.07	1.51	1.75	1.06	2.13
陕西	3.51	3.49	1.03	1.06	1.16	1.16	1.29	1.77	1.68	1.83	2.00	3.41
甘肃	4.36	4.10	1.53	1.39	1.72	1.72	2.33	1.94	1.90	2.11	1.89	3.76
青海	0.83	0.95	1.08	1.06	1.08	0.86	1.03	1.08	0.99	0.63	1.36	0.36
宁夏	0.67	1.02	1.62	1.52	1.85	2.16	3.19	3.02	3.02	2.60	2.45	7.86
新疆	4.09	4.52	2.25	2.22	2.20	2.37	2.41	2.11	2.50	2.47	2.40	7.39

资料来源：樊纲等（2011）中国市场化指数。

从樊纲等（2011）的市场化指数中可以看到，劳动力流动指数呈现上升趋势，劳动力市场的市场化程度在逐步提高。东部地区劳动力市场化程度显著高于其他地区。东部地区劳动力市场化指数最高的是福建省，从 1997 年的 5.34，迅速上升到 2008 年的 12.66，在 1998 年和 2008 有短暂的下滑，期间上升的态势明显。高居第二位的是浙江省，从 1997 年的 3.38 上升到 2008 年的 11.94，上升约 3 倍。第三高位是广东省，1997 年广东省的劳动市场化程度居全国首位，劳动市场化指数是 9.67，略高于北京的劳动市场化指数 9.46，此后广东继续推进劳动力要素市场的市场化建设，到 2008 年劳动市场化指数高达 11.38，除 1999 年短暂下滑之后，一直处于稳步上升态势。北京和天津的劳动力市场化指数集中在 2008 年达到 5.98、5.08，略低于平均水平。海南省是东部地区劳动力市场化程度最低的省份，市场化程度缓慢，2008 年劳动力市场化指数为 2.63，处于下滑态势。

中部地区劳动市场化程度高于西部地区，其中，劳动市场化指数大都处于 4~6 左右的水平。湖南和湖北的劳动力市场化程度相近，在 2008 年分别为 4.91 和 5.04。要素市场化程度最低的是安徽省，在 1997 年，市场化指数 0.21，12 年时间劳动力市场化程度有一定发展，到 2008 年高达 4.21，发展迅速。河南省劳动市场化指数在中部地区最高，2008 年达到 8.43，比 1997 年 1.36，增长了近 7 倍。

西部地区中西北五省区劳动力市场化程度非常低且发展迟缓，陕西、甘肃和新疆从 1997 年的 3.51、4.36 和 0.83 上升到 2008 年的 3.41、3.76 和 0.36，仅新疆出现下滑。西藏自治区的市场化指数在 2001 年为 1.64，之后逐步上升，然而，在 2003 年急转直下到 2008 年该指数仅为 2.13，表明市场化程度很低。西南地区劳动力市场状况比较好，重庆的上升幅度最大，到 2008 年高达 7.53，上升幅度很大。广西、贵州和云南市场化程度比较高，均在 5~9。

（二）劳动力市场灵活性指标

关于劳动力市场灵活性指标 flexibility$_j$，经验文献中主要有 Rama 和 Artecona（2002）劳动力市场指标、World Bank 劳动力市场灵活性指标以及《世界竞争力报告》的方法构建就业保护严格程度（EPL）指标。由于指标在涵盖广度上薄弱，偌德格（Rodgers，2006）提到了四种劳动力市场灵活性指标的调整方式：就业保护、雇主雇佣和解雇员工的自由；工资灵活性，包括最低工资规定，工会活动能力以及综合的劳工对工资的讨价还价能力；内部或者功能性的灵活性（主要致力于生产或者动态的高效性），指的是公司组织和重新组织其内部生产和劳动的能力；供给方面的灵活性，劳动者可能需要灵活的工作时间去处理工作和家庭事务，或者劳动者能够获得自由转化工作的权利。微恩（Venn，2009）在 EPL 的基础上修正三个分项指标（正规就业、短期就业以及集体解雇）完善了劳动力市场灵活安全性指标。

本节在劳动力市场灵活性指标的构建上借鉴了就业保护指标（EPL），该指标包含三个部分：保护正规就业人员免于解雇的指标、集体解雇特殊要求的指标以及正规的临时就业的指标。转型中的中国劳动力市场缺乏相关方面的指标研究。因此，在《中国市场经济发展报告 2011》中劳动力市场研究的基础上，参照弗纳德和密凯欧（Fernando，Miquel，2010）设计行业市场灵活性时指标选取方法和普特拉（Portela，2000）技术指标的构造方法，构建各省区市的劳动力市场灵活性指标：

$$\text{flex}_{jt} = \left(0.5 + \frac{\exp(f_{1,jt})}{1 + \exp(f_{1,jt})} \right) * \left(0.5 + \frac{\exp(f_{2,jt})}{1 + \exp(f_{2,jt})} \right) * \left(0.5 + \frac{\exp(f_{3,jt})}{1 + \exp(f_{3,jt})} \right)$$

$$(3-1)$$

其中，$f_{1,jt}$ 是 j 地区 t 年农民纯收入中工资收入的比重，指示中国二元劳动力市场工资灵活性指标。市场经济改革以来，中国实行集体合同和三方协商机制使得城镇劳动力工资自主决定程度大幅度提高，在一定程度上实现了工资灵活性，农民纯收入中工资收入（income）比重可反映二元劳动力市场中工资自主决定程度，数据来源于 2000～2010 年《中国劳动统计年鉴》。

$f_{2,jt}$是 j 地区 t 年乡镇企业就业人数占全部就业人数的比重，模仿 EPL 中临时就业指标。中国劳动力市场化改革的另一方面就是劳动力使用单位用工自由度，非国有企业雇用劳动力是完全市场化的行为，完全根据劳动力市场供求情况和企业利润最大化的市场准则。

$f_{3,jt}$是 j 地区 t 年的失业率指标，模仿集体解雇指标。劳动力使用单位用工自由的另一个重要层面，就是国有企业、集体企业及事业单位用工自由度。国有企业、集体企业及事业单位的人事改革，使得下岗职工和其他国家的失业人员开始并轨，首次按照市场原则雇用和解雇员工，实现用工自由。利用自然对数形式而且用 0.5 校正的目的，在于保证每个指标都在 0.5（当指标无穷小时）和 1.5（指标无穷大时）之间，此外，对数分布能够保证指标在其中值附近波动（Fernando，Miquel，2010）。

各地区劳动力市场灵活性指标，见表 3 – 7。

表 3 – 7　　　　　　　各地区劳动力市场灵活性指标

	1999年	2000年	2001年	2002年	2003年	2004年	2005年	2006年	2007年	2008年	2009年
平均	1.165	1.170	1.179	1.183	1.190	1.191	1.203	1.215	1.220	1.226	1.235
北京	1.253	1.262	1.384	1.335	1.363	1.375	1.391	1.385	1.364	1.370	1.378
天津	1.270	1.285	1.307	1.318	1.328	1.340	1.310	1.335	1.352	1.325	1.329
河北	1.232	1.245	1.216	1.221	1.218	1.215	1.229	1.243	1.248	1.252	1.266
山西	1.197	1.183	1.203	1.204	1.216	1.217	1.228	1.242	1.240	1.243	1.242
内蒙古	1.192	1.205	1.163	1.165	1.156	1.158	1.165	1.170	1.180	1.187	1.185
辽宁	1.220	1.245	1.263	1.276	1.272	1.265	1.269	1.282	1.284	1.285	1.297
吉林	1.156	1.166	1.147	1.150	1.145	1.150	1.157	1.163	1.168	1.174	1.178
黑龙江	1.124	1.130	1.132	1.135	1.137	1.128	1.134	1.147	1.151	1.156	1.158
上海	1.365	1.382	1.425	1.434	1.449	1.467	1.457	1.474	1.492	1.493	1.492
江苏	1.234	1.241	1.269	1.278	1.287	1.306	1.329	1.333	1.358	1.375	1.381
浙江	1.262	1.285	1.309	1.309	1.317	1.326	1.333	1.339	1.346	1.348	1.351

	1999年	2000年	2001年	2002年	2003年	2004年	2005年	2006年	2007年	2008年	2009年
安徽	1.146	1.154	1.165	1.174	1.187	1.178	1.190	1.200	1.202	1.200	1.208
福建	1.218	1.224	1.238	1.239	1.247	1.254	1.263	1.273	1.283	1.295	1.302
江西	1.155	1.167	1.179	1.189	1.199	1.189	1.204	1.220	1.219	1.215	1.229
山东	1.213	1.200	1.220	1.223	1.231	1.232	1.249	1.262	1.264	1.255	1.264
河南	1.131	1.131	1.135	1.138	1.151	1.157	1.160	1.168	1.174	1.178	1.186
湖北	1.182	1.176	1.186	1.193	1.196	1.189	1.198	1.212	1.210	1.237	1.232
湖南	1.201	1.196	1.188	1.191	1.197	1.202	1.215	1.227	1.233	1.238	1.244
广东	1.216	1.217	1.252	1.261	1.280	1.289	1.299	1.313	1.319	1.324	1.331
广西	1.117	1.132	1.143	1.159	1.165	1.168	1.169	1.172	1.185	1.185	1.187
海南	1.073	1.084	1.097	1.105	1.110	1.113	1.119	1.126	1.137	1.134	1.144
重庆	1.127	1.144	1.162	1.167	1.179	1.177	1.183	1.201	1.211	1.213	1.220
四川	1.139	1.147	1.159	1.162	1.169	1.169	1.174	1.197	1.199	1.205	1.215
贵州	1.090	1.091	1.103	1.112	1.127	1.131	1.139	1.155	1.156	1.160	1.160
云南	1.092	1.100	1.112	1.111	1.118	1.119	1.124	1.134	1.139	1.142	1.147
西藏	1.037	1.069	1.051	1.074	1.083	1.116	1.106	1.100	1.107	1.115	1.129
陕西	1.184	1.192	1.212	1.210	1.209	1.212	1.216	1.220	1.226	1.227	1.247
甘肃	1.120	1.123	1.137	1.138	1.144	1.144	1.147	1.154	1.160	1.164	1.173
青海	1.101	1.116	1.141	1.143	1.152	1.152	1.166	1.171	1.175	1.178	1.180
宁夏	1.156	1.162	1.177	1.172	1.185	1.183	1.192	1.203	1.220	1.221	1.230
新疆	1.092	1.096	1.116	1.114	1.115	1.118	1.126	1.132	1.137	1.141	1.144

资料来源：作者根据式（3-1）计算。

根据上式测算的劳动力市场灵活性指标与樊刚等（2011）测算的劳动力市场化指标存在正相关的关系。面板固定效应估计结果显示，市场化指数的系数大约为0.0082；随机效应估计结果显示，市场化指数的系数约0.0083；hausman检验的结果显示，固定效应估计更有效合理；最大似然估计显示系数为0.0083，见表3-8。

表 3 - 8　　　　劳动力市场灵活性指标与市场化指数的关系

市场化指数	0.008211	fe
	(0.00068)	
市场化指数	0.008301	re
	(0.000679)	
市场化指数	0.0083	mle
	(0.000676)	

四、汇率、劳动力市场制度与就业和工资关系

在 33 个行业数据层面上，可以看到市场化指数和劳动力市场灵活指标的相关关系达到 0.9833。而且，他们和中国工业就业的相关关系大体一致，分别为 0.2277 和 0.22。汇率和就业的关系为 - 0.2265，实际有效汇率的提高降低了就业。汇率与劳动力市场化指数和劳动力市场灵活性指标的相关关系，分别是 - 0.8331 和 - 0.8332，见表 3 - 9。

表 3 - 9　　　　就业、劳动力市场制度指数和汇率的相关关系

	就业	市场化指数	灵活指数	汇率
就业	1			
市场化指数	0.2277	1		
灵活指数	0.22	0.9833	1	
汇率	- 0.2265	- 0.8331	- 0.8382	1

在中国工业行业数据层面上，工资与劳动力市场制度指数以及实际有效汇率关系方向一致，程度大于就业与两者的关系。工资与劳动力市场化指数的相关关系是 0.6858，与劳动力市场灵活化指标的相关关系是 0.69，汇率与工资的关系是 - 0.6021，见表 3 - 10。

表3－10　　工资、劳动力市场制度指数和实际有效汇率的相关关系

	工资	市场化指数	灵活指数	汇率
工资	1			
市场化指数	0.6858	1		
灵活指数	0.69	0.9833	1	
汇率	－0.6021	－0.8331	－0.8382	1

在中国工业行业数据层面上，技能溢价与劳动力市场制度指数即灵活性指标以及实际有效汇率关系方向一致，程度大于就业与两者的关系。技能溢价与劳动力市场化指数的相关关系是0.2708，与劳动力市场灵活化指标的相关关系是0.2948。汇率与工资的关系是－0.0889，见表3－11。

表3－11　　技能溢价、劳动力市场制度指数和实际有效汇率的相关关系

	技能溢价	市场化指数	灵活指数	汇率
技能溢价	1			
市场化指数	0.2708	1		
灵活指数	0.2948	0.9833	1	
汇率	－0.0889	－0.8331	－0.8382	1

在中国工业行业数据层面上，就业流动率（详见附录）与劳动力市场制度指数以及实际有效汇率关系方向相反，程度大于就业与两者的关系。就业变动率与劳动力市场化指数的相关关系是－0.2361，与劳动力市场灵活化指标的相关关系是－0.3253。汇率与就业变动率的关系是0.1412，见表3－12。

表3－12　　就业变动率、汇率与劳动力市场指数的相关关系

	就业变动率	市场化指数	灵活指数	汇率
就业变动率	1			
市场化指数	－0.2361	1		
灵活指数	－0.3253	0.9833	1	
汇率	0.1412	－0.8331	－0.8382	1

在中国工业行业数据层面上，就业破坏率与劳动力市场制度指数以及实际有效汇率关系方向相反，程度大于就业与两者的关系。就业变动率与劳动力市场化指数的相关关系是 - 0. 2853，与劳动力市场灵活化指标的相关关系是 - 0. 3539。汇率与就业变动率的关系是 0. 546，见表 3 - 13。

表 3 - 13　　　　　就业破坏率、汇率与劳动力市场指数的相关关系

	就业破坏率	市场化指数	灵活指数	汇率
就业破坏率	1			
市场化指数	- 0. 2856	1		
灵活指数	- 0. 3539	0. 9833	1	
汇率	0. 1546	- 0. 8331	- 0. 8382	1

在中国工业行业数据层面上，就业创造率与劳动力市场制度指数以及实际有效汇率关系方向相反，程度大于就业与两者的关系。就业变动率与劳动力市场化指数的相关关系是 0. 0295，与劳动力市场灵活化指标的相关关系是 - 0. 0192。汇率与就业变动率的关系是 0. 0068，见表 3 - 14。

表 3 - 14　　　　　就业创造率、汇率与劳动力市场指数的关系

	就业创造率	市场化指数	灵活指数	汇率
就业创造率	1			
市场化指数	0. 0295	1		
灵活指数	- 0. 0192	0. 9833	1	
汇率	0. 0068	- 0. 8331	- 0. 8382	1

总之，劳动力市场制度与就业的相关关系是正向的，为 0. 23左右；与就业变动率、就业破坏率的关系为负相关关系，但是相关系数较低；与就业创造率的相关关系略有不同，其中，与劳动力市

场化指数是正相关关系；工资和技能溢价与劳动力市场制度的相关关系同样为正，相关系数分别为 0.69 和 0.22。实际有效汇率与就业、工资以及技能溢价都是负向相关关系，与就业变动率、就业创造率以及就业破坏率的相关关系为正。

第二节　OECD 国家汇率、就业保护与劳动力市场发展状况

一、OECD 国家工业部门汇率发展状况

OECD 国家工业部门汇率在 2005 年中国人民币汇率向浮动汇率制度改革之后，发达国家大都出现升值趋势，德国在 2006 年出现短暂的下滑，此后连续 3 年上升，2010 年后受欧债危机的影响，略有下滑；日本在经历了两年下滑之后，2008 年开始回升，2009 年上升达到 121.25；美国在 2007 年达到峰值 116 之后，次贷危机开始向实体经济层面蔓延，开始了连续两年下降，2010 年略有回升，见表 3 – 15。

表 3 – 15　　　　　　　OECD 国家工业部门汇率

国别	1999年	2000年	2001年	2002年	2003年	2004年	2005年	2006年	2007年	2008年	2009年	2010年
澳大利亚	68.41	62.10	56.00	62.42	75.14	91.08	100.00	102.11	—	—	—	—
奥地利	89.57	75.15	72.38	76.85	92.90	99.56	100.00	98.78	106.82	115.27	122.04	111.09
比利时	85.41	71.50	72.28	77.11	92.44	99.80	100.00	102.37	112.44	123.47	122.28	112.84
加拿大	69.84	68.92	70.41	69.81	81.21	90.98	100.00	111.51	120.20	—	—	—
捷克	66.55	57.11	64.39	76.48	94.18	97.24	100.00	100.02	111.85	132.02	122.62	118.55
丹麦	79.58	67.44	68.45	74.18	90.74	97.33	100.00	102.94	120.08	131.24	129.42	116.59

续表

国别	1999年	2000年	2001年	2002年	2003年	2004年	2005年	2006年	2007年	2008年	2009年	2010年
爱沙尼亚	80.97	68.51	65.88	72.82	87.14	98.23	100.00	104.23	127.12	153.92	153.87	122.71
芬兰	97.05	79.17	78.67	79.32	92.55	99.35	100.00	95.36	98.14	108.76	114.95	100.40
法国	87.81	74.99	72.84	77.34	91.05	100.46	100.00	102.24	112.63	124.98	—	—
德国	92.23	78.63	77.07	81.58	96.92	102.29	100.00	98.22	105.04	119.91	130.39	114.83
希腊	74.99	62.56	62.04	75.44	89.34	102.05	100.00	111.81	132.13	157.82	147.61	154.22
匈牙利	62.34	58.42	63.55	73.63	83.49	95.58	100.00	93.49	108.50	120.93	108.79	98.21
冰岛	69.19	61.43	52.94	57.42	70.20	78.29	100.00	99.55	113.61	80.84	54.77	
爱尔兰	91.10	79.10	76.46	72.18	88.28	96.63	100.00	100.88	105.57	113.89	97.25	—
以色列	113.13	109.10	113.21	105.89	102.15	102.74	100.00	105.99	116.50	128.43	119.08	
意大利	75.44	63.83	63.78	69.40	88.04	98.33	100.00	101.47	113.39	128.30	134.42	122.04
日本	124.43	124.33	113.14	106.77	106.20	107.82	100.00	92.85	87.95	98.23	121.25	—
韩国	78.51	80.61	74.34	77.73	80.79	86.32	100.00	106.20	108.10	91.66	82.07	
卢森堡	77.28	66.99	68.87	72.41	87.61	96.70	100.00	108.78	108.17	136.00	138.02	118.82
墨西哥	78.35	91.08	101.85	101.99	95.43	92.67	100.00	100.80	102.83	103.61	91.39	
荷兰	85.19	72.77	72.46	77.65	95.12	101.46	100.00	101.49	110.34	122.40	125.78	109.78
新西兰	63.73	54.43	54.35	58.97	76.52	90.84	100.00	97.61	—	—	—	
挪威	74.55	64.42	65.04	75.46	84.68	89.78	100.00	116.08	142.01	161.12	151.78	167.52
波兰	95.34	86.82	90.76	87.53	86.63	88.23	100.00	100.87	113.50	139.71	105.02	
葡萄牙	80.14	69.38	68.76	74.25	88.36	97.29	100.00	101.67	110.04	119.61	—	
斯洛伐克	75.27	77.94	74.04	79.27	94.07	96.10	100.00	98.59	119.81	146.17	159.45	147.35
斯洛文尼亚	90.44	76.09	75.02	77.42	90.50	99.49	100.00	98.38	108.09	121.06	125.78	114.21
西班牙	76.81	66.99	66.13	71.35	87.32	97.49	100.00	103.62	117.69	132.64	129.47	—
瑞典	100.49	90.71	85.52	86.64	102.07	104.13	100.00	98.46	110.20	120.59	114.75	106.64
土耳其	91.94	90.01	65.28	72.12	81.59	91.32	100.00	98.19	—	—	—	
英国	83.86	78.14	75.22	79.92	87.93	98.08	100.00	105.22	116.06	109.06	103.46	104.18
美国	103.47	106.70	109.50	104.02	104.61	98.39	100.00	100.90	99.84	104.42	102.32	—

注：表中"—"表示该数据缺失。

资料来源：http://stats.oecd.org/。

二、OECD 国家的就业保护的发展状况

欧洲国家受到"欧洲社会模式"的影响,一直致力于灵活—安全的劳动市场模式的探索。欧洲委员会曾在 2000 年倡导成员国采取积极的就业和职业培训政策,推动劳动力市场灵活性建设,平衡本国劳动力市场灵活性和安全性。欧盟在《联合就业报告(2005~2006)》中认为,灵活安全的劳动力市场有几个方面:第一,合同约定要同时兼顾雇主和雇员对灵活性的需要;第二,在劳动者转换工作状态时,要充分发挥和利用积极的劳动力市场政策的作用;第三,建立完善的终生学习制度,使得劳动力的能力能够适应经济社会的变革,以及能够应对劳动力市场的各种风险;第四是充分发挥社会保障作用,促进劳动力市场的有序流动。其中,丹麦模式是灵活安全的劳动力市场模式的典范,但也有许多学者持怀疑态度,他们认为:

第一,内部劳动力市场的灵活化程度并未提高。他们认为,灵活化在很大程度上并未触及西方工业化国家的内部劳动力市场,西方工业化国家劳动力市场具有分割的特征。欧盟国家灵活安全劳动力市场的改革模式是放松对灵活就业在雇佣与解雇等方面的管制,同时保留对正规与长期性稳定就业的严格保护,法国就是采纳了这种改革方式。然而实证研究认为,这种灵活化大都集中于外部劳动力市场或劳动力市场的边缘,传统的长期性稳定就业并没有受到多大影响。

第二,企业专用性人力资本等因素对长期性稳定就业的支撑作用。企业专用性人力资本(specific human capital)能够避免工人跳槽,因为在其他公司,这类人力资本便毫无价值。所以,仅当足够强的外在冲击力抵消这种企业专用人力资本的价值,长期性稳定就业关系才会终止。工业化国家在这方面有两种相反的趋势:一方面,信息通信技术和全球化的迅猛发展要求生产以及劳动力市场具

有高度的灵活化，这样才能保证企业的竞争能力；另一方面，知识要素在生产中的作用提高了人力资本投资的回报率，而且增强了企业专用性人力资本的重要性。这两种不同的趋势，对就业稳定性的净影响具有不确定性：信息通信技术和全球化的发展可能会降低就业的稳定性，而企业专用性人力资本重要性的增强则将提高长期性就业的稳定性。

在灵活安全的劳动力市场形成的过程中，正规的制度和不正规的制度都发挥了很大的作用，正规的制度主要有对雇用行为和解雇行为的控制（EPL）、失业保险以及集体谈判等等。其中，EPL 是判断劳动力市场灵活与否的重要指标之一，EPL 越高，表示对劳动力市场的管制越严格，就业就会越稳定（Eamets, Masso, 2005）。欧洲国家针对劳动市场灵活安全的争论多集中在是否放松 EPL，EPL 的严格程度被公认为劳动市场外部灵活性的主要指标。斯伯博（Sperber, 2006）曾依据就业保护立法的严格程度（EPL）、失业保护水平以及失业率作为灵活安全劳动模式的评判标准。

实际上，OECD 就业保护的总体严格程度指标由三个分项指标按照一定占比拟合计算得到：正规就业（regular employment）、短期就业（temporary employment）和集体解雇（collective dismissals）。中国在就业保护指标的研究上刚起步，图 3 - 5 是 OECD 国家 2008年就业保护总体严格程度的对比。

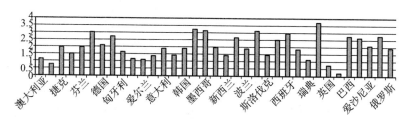

图 3 - 5 2008 年 OECD 国家 EPL 指标

数据来源：http://stats.oecd.org/。

OECD 国家的就业严格保护程度相对比较稳定，在 2005 年之前，就业严格保护程度呈现逐步下降的趋势，2005～2008 年上升维持在 1.95，2009 年再次降低至 2005 年以前的水平。说明欧盟国家的就业市场制度改革有助于就业保护。例如：澳大利亚在 1995 年之后，2007 年之前就业保护程度一直维持在 1.19。中国在 2008 年的就业保护指数为 2.65。

丹麦模式是灵活安全劳动力市场的静态模式。它是在原有劳动力市场运行状态的基础上，融入或优化劳动保护机制，是福利国家和自由体结合的典范。主要的标志之一是比较低的就业保护程度，这保证了工人在企业之间的高流动性。就业保护程度在 1994 年之前一直处于 2.4 水平，此后下滑保持在 1.5，显然低于中国就业保护程度。这归功于丹麦积极的劳动政策，2007 年丹麦政府将 GDP 的 0.33% 用于对失业者和潜在失业者的技能培训，远高于其他欧洲国家。

荷兰是灵活安全模式的动态模式。通过确保 EPL、失业保险制度以及积极的劳动力市场制度相互协调来兼容雇主对高水平灵活性和工人对高经济安全性两种意愿。劳动力市场存在二元性特点，工人正规就业和非正规就业的身份不同，这一点与中国的劳动力市场很相似。荷兰一方面，给予非正规就业群体提供更多的保障；另一方面，部分放松对正规就业的严格保护程度。荷兰就业保护程度在 1998 年之前保持在 2.73，之后急剧下滑并保持在 2.12。2007 年，再次下滑到 2.04。2009 年，又急剧下滑到 1.95。相比中国 2008 年就业保护指数 2.65，也低很多。其中，"1999～2003 年"和"2004～2009 年"关于雇主组织和工会组织达成的劳务派遣正规化的集体协议发挥了很大作用。可见，荷兰的劳动力市场比中国劳动力市场更灵活，更有竞争力。

印度与中国的发展状况很接近，经常作为比较分析的对象。印度就业保护程度在 2008 年为 2.77，高于中国水平。印度法律政策的效力取决于中央政府和地方政府，中央政府的法律政策的实施效果掌握在地方政府手中，地方政府有权利修订中央政府的法律政策，所以劳动力市场上制度和政策的效果在各州之间可能是不同的；之后，劳动力市场上的政策和法规使得劳动力市场比较僵化，例如，Industrial Employment（Standing Orders）Act，要求劳动合同完整、公平以及符合法律规范，这些可能干预雇主雇佣工人的行为和工人的就业选择。法国的就业保护在1996年之前与德国情况类似，此后法国就业保护程度一直上升，而德国的劳动力市场灵活化程度提高很快，在2008年仅2.12，相比之下，法国和印度接近，就业保护达到3.05。文化背景类似的日本和韩国，两国的就业保护均低于中国水平，日本1999年之后就业保护一直维持在1.4。韩国在1998～2007年保持在2.03，2009年之后略有下降。

2008年OECD国家正规就业指标，见图3-6。

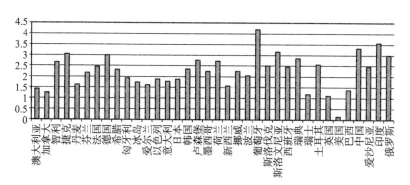

图3-6 2008年OECD国家正规就业指标

资料来源：http://stats.oecd.org/。

OECD国家对正规就业的保护程度也相对比较稳定，在1999年对正规就业严格保护程度略有下降达到2.12，2000～2002年上升维持在2.14，2003～2006年再次降低至1999年水平，2007年保持在2.11水平，说明经合组织国家对正规就业的保护逐步放松。中国在2008年对正规就业保护指数为3.3。与欧洲市场经济转型国家，文化背景相同的韩国以及"金砖四国"的情景很相似。

欧洲市场经济转型国家典型的代表为捷克、罗马尼亚以及波兰。捷克对正规就业的严格保护程度从 1993～2006 年一直维持在 3.31，此后有所下降达到 3.05；罗马尼亚对正规就业的保护在 2008 年为 3.15。这是高度集中的计划经济的后果，人们常以"铁饭碗"命名，1999 年之后转型国家试图削减正规经济部门的就业力量，提高非正规就业水平。土耳其对正规就业的保护力度在 2004 年之前一直在 4.33 的高位运行，此后下降到 4.17，截至 2009 年下降到 3.65，仍然高于中国对正规就业的保护水平。大陆国家中德国、法国、奥地利以及比利时其灵活安全的模式特征是中水平到高水平的安全性，中水平到低水平的灵活性，所以它们对正规就业的保护程度较高，例如，德国和法国在 2008 年分别达到 2.47 和 3。

北欧国家中高安全和中水平到高水平灵活的代表为丹麦和荷兰。丹麦是在原灵活的劳动力体制上加入就业保护，所以它对正规就业的保护处于低位；荷兰的动态灵活安全模式是"政策集"的协调。劳动力市场是分割的，对正规就业提供了较高的就业保护，与转型国家非常相似。在 2008 年，荷兰对正规就业的保护程度是 2.72，是 1999 年《灵活就业与保障法》实施以来第二次下降，远高于丹麦的 1.63。该法降低了对标准劳动关系解雇的保护，增加了临时性工作的劳动市场化程度。

俄罗斯和印度与中国情况相近。俄罗斯对正规就业保护程度在 2008 年为 2.97，略低于中国水平，印度为 3.54 略高于中国水平；巴西对正规就业的保护程度最低在 2008 年为 1.37。文化背景类似的日本和韩国，两国的就业保护均低于中国水平，日本对正规就业的保护一直维持在 1.87。韩国从 1998 年开始一直维持在 2.37。

OECD 国家对非正规就业的保护程度一直比较低，在 2004 年对非正规就业严格保护程度一直处于下降趋势，2005 年回升到 1.78，2007 年上升到 1.79，2008 年又开始下滑。经合组织国家对非正规就业的保护在波动中下降。中国在 2008 年对非正规就业保护指数为2，远远低于对正规就业的保护程度。与欧洲市场经济转型的部分国家、韩国、印度和巴西情景很相似，见图3－7。

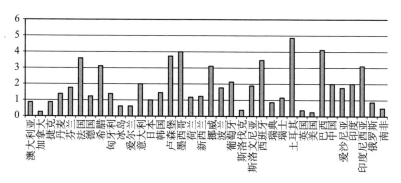

图3－7　2008年OECD国家非正规就业指标

数据来源：http://stats.oecd.org/。

欧洲市场经济转型国家典型的代表捷克、罗马尼亚以及波兰。以前，它们对临时就业保护力度小。捷克对临时就业的严格保护程度在2004年之前一直维持在0.5，此后上升到0.88；波兰在2002年之前对临时就业的保护维持在0.75，此后在2002年骤降到0.25，此后攀升并维持在1.75，与中国的保护程度相近；罗马尼亚对正规就业的保护在2008年为1.88。1999年之后，转型国家试图提高非正规就业水平，表现在对临时就业保护程度的提高。土耳其对非正规就业的保护程度略大于正规就业的保护力度，一直高居4.88；地中海国家中的西班牙、希腊以及葡萄牙表现出低灵活性和低安全性特征，它们对临时就业的保护程度很高，分别是3.5、3.13以及2.13。大陆国家中，法国和比利时表现出对非正规的临时就业较高的保护程度，其中，法国对临时就业保护一直维持在3.63水平，远远高于中国，比利时从1996年的4.63骤降到2.63，此后一直处于这个水平。

　　北欧国家中高安全和中到高水平灵活的代表：丹麦和荷兰。

丹麦对非正规就业的保护从 20 世纪 90 年代初的 3.13 下降并稳定在 1.38；荷兰在探索劳动力市场灵活安全的过程中，提高弱势群体主要是临时工以及其他非标准工的工作能力和就业安全，在 2001 年修订《灵活就业与保障法》，提出固定期限的合同工人与永久就业工人应享有平等的待遇。在 2008 年，荷兰对非正规就业的保护程度是 1.19。

印度对非正规就业的保护程度为 2，对非正规就业的保护程度相近，巴西对非正规就业的保护程度除土耳其外，高居第二位，达到 4.13，与对正规就业的保护形成鲜明的对比。文化背景类似的韩国，对临时就业保护均低于中国水平，韩国在 1998~2007 年维持在 1.69，在 2008 年下降到 1.44。

OECD 国家对集体解雇的保护程度处于较高水平，2003 年是分水岭。之前一直维持在 2.98，在 2003 年上升到 2.99，此后下滑，在 2007 年下滑到 2.95，截至 2008 年回升到 2.96。经合组织国家对集体解雇的保护在波动中下降。中国在 2008 年对集体解雇的保护指数为 3，与经合组织国家平均情况相同，见图 3-8。

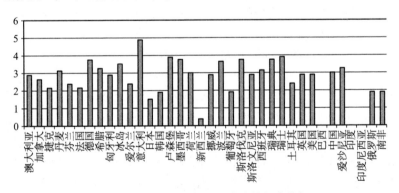

图 3-8　2008 年 OECD 国家集体解雇指标

数据来源：http://stats.oecd.org/。

中东欧国家经济转型中，一部分国家为了保证就业，牺牲了经济增长率，如捷克、罗马尼亚以及斯洛伐克等，另一部分国家如波兰以牺牲就业为代价实现劳动生产率的提高。可以看到，捷克对集体解雇的保护程度从 1998 年之后维持在 2.13，罗马尼亚对集体解雇的保护在 2008 年为 2.88，略低于中国水平，斯洛伐克在 2002 年之后由原来的 4 下降并维持在 3.75 水平；波兰在 2003 年之后，由原来的 4.13 下降并维持在 3.63 水平；可见，转型国家都在试图削弱工会的力量，增加非正规就业。地中海国家中的西班牙和希腊表现出低安全性特征，它们对集体解雇的保护程度很高，分别是 3.13 和 3.25。大陆国家中，德国和比利时表现出对集体解雇较高的保护程度，其中，德国对集体解雇保护一直维持在 3.75 水平远远高于中国，比利时从 1998 年起一直维持在 4.13。

北欧国家中高灵活性的代表：丹麦和荷兰。丹麦对集体解雇的保护从 2005 年的 3.88 下降并稳定在 3.13；荷兰对集体解雇的保护一直维持在 3，与中国相同。"金砖四国"中的印度和巴西与中国情况差别很大。印度和巴西均为 0，对集体解雇不提供保护。文化背景类似的韩国和日本，对集体解雇的保护维持在 1.88 和 1.5。

总之，劳动力市场实质上就是配置劳动资源的市场，主要表现为一定的就业制度、工资制度、保险福利制度和就业培训制度等。美欧等国的就业制度的基本特征是高度自由的雇用劳动制度，雇员和雇主之间有十分自由的选择性。但政府也会为了维护社会稳定和自由就业制度而对这种自由实行一定的约束，即规定最低工资标准和加班工资标准，工资生成制度是集体谈判式的工资制，政府不是工资谈判的主体，其作用主要表现在工资生成过程中确定和实施最低工资标准，实行收入政策、干预集体谈判、协调劳资关系以及解决劳资纠纷等。

三、OECD 国家的就业和劳动成本发展状况

发达国家在产业结构的升级过程中，将大量的基础产业、附加

值低的加工产业外包给劳动力资源丰富且低廉的发展中国家。这给发展中国家创造了大量的就业机会，同时也降低本国的就业率。随着国际贸易的深度发展，全球化逐渐将世界经济联系成一个整体，贸易通过各种途径和效应影响劳动需求。

可以看到，自2000年以来，经合组织工业部门的就业处于下降趋势，2006年开始回升，但是2007年美国次贷危机的爆发引发经济衰退，在2008年金融危机席卷全球时，就业急剧下降，在2010年就业降低到73339420人。欧元区主权债务危机的负面效应向银行体系和实体经济扩散，成员国经济全面下滑，金融市场动荡加剧。核心国家增长动力明显减弱。OECD国家中经济势力最强的美国、日本和德国，在1999~2010年间就业持续下滑，见图3-9。

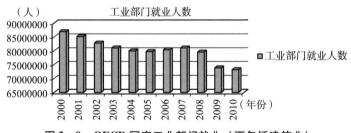

图3-9 OECD国家工业部门就业（不包括建筑业）

资料来源：http：//stats. oecd. org/。

德国工业部门的就业人数在2002年有所上升，此后急剧下降，2003年的增长率为-3.29%，是增长率最低的一年，中国在2005年人民币汇率向市场化改革，德国作为中国在欧盟最大的贸易伙伴，贸易条件得到部分改善，2006年略有增长，增长率为1.33，2007年的增长幅度达到峰值，2.97%。此后，受美国"次贷危机"以及欧洲债券危机的影响，2009年的下滑幅度达到2.67%，截至2010年，德国的就业人数下降了约680000人，见表3-16。

表 3 - 16　　　　　　工业部门就业和就业增长率

年份	1999	2000	2001	2002	2003	2004	2005	2006	2007	2008	2009	2010	2011
德国	..	9081500	8948500	8983500	8687500	8615400	8496375	8609525	8864850	8745600	8512300	8403225	..
增长率			-1.46%	0.39%	-3.29%	-0.83%	-1.38%	1.33%	2.97%	-1.35%	-2.67%	-1.28%	
日本	13885000	13605000	13239170	12625830	12151670	11848330	11810000	11993330	12015000	11788330	11101670	10857500	10517500
增长率		-2.02%	-2.69%	-4.63%	-3.76%	-2.50%	-0.32%	1.55%	0.18%	-1.89%	-5.82%	-2.20%	-3.13%
美国	19658330	20118830	18972000	17735080	17426920	17022170	16877000	17063080	17038080	16722330	14909670	14811750	15153500
增长率		2.34%	-5.70%	-6.52%	-1.74%	-2.32%	-0.85%	1.10%	-0.15%	-1.85%	-10.84%	-0.66%	2.31%

资料来源：http：//stats.oecd.org/。

美国作为世界制造业的头号大国，在 2000 年就业人数达到 20118830 人，此后连续两年急剧下滑，下滑幅度高达 5.7% 和 6.52%。2005 年，就业下滑程度达到 0.85%，作为美国重要的贸易伙伴，中国人民币在 2005 年升值，2006 年美国的就业增长 1.1%，此后仍难阻下滑的趋势，2007 年美国次贷危机爆发，其"金融泡沫"逐渐渗透到实体经济，2009 年就业下滑达到 1999 年以来的最大值 10.84%。2011 年，受政府重塑制造业战略的影响，就业回升到 2.31%。

日本自从 20 世纪 90 年代初"泡沫"破裂之后，经济增长一直乏力，在 2005 年之前就业人数处于下滑趋势，下滑幅度较大的 2002 年和 2003 年分别达到 4.63% 和 3.76%。此后连续两年缓慢上升，到美国次贷危机之后，2009 年就业下滑幅度达到最高值 5.82%，此后一直下滑。

OECD 国家单位劳动成本在 2002 年中国加入世界贸易组织之前，一直处于上升的趋势，其中 2001 年的增幅最大，增长率达到 3.75%，此后一直下滑，下滑的速度在 2004 年达到最大 3.17%，截至 2007 年美国次贷危机爆发，单位劳动成本逆转了长达 6 年的下滑势头，2008 年单位劳动成本的增长率为 3.49，2009 年增长率更是高达 6.59%，见图 3-10。

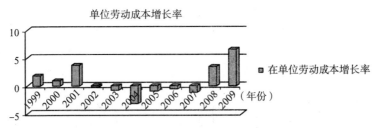

图 3-10 OECD 国家工业部门单位劳动成本增长率

资料来源：http://stats.oecd.org/。

表 3 – 17　　　　　　　　　　单位成本增长率

国别	1999年	2000年	2001年	2002年	2003年	2004年	2005年	2006年	2007年	2008年	2009年	2010年
德国	-0.14	-1.67	0.48	1.47	-1.28	-3.09	-2.93	-3.90	-1.75	7.64	15.71	-8.50
日本	-2.68	-5.83	3.25	-2.66	-8.31	-5.60	-5.36	-2.03	-5.15	-1.43	11.10	..
美国	-2.12	2.20	2.03	-5.82	-0.55	-7.66	-1.40	0.12	-1.69	4.39	1.37	..

资料来源：http：//stats. oecd. org/。

　　德国单位劳动成本增长率在 2001 年开始连续两年上升，之后单位劳动成本一路下滑，截至 2007 年增长率为 - 1.75，2008 年开始增长，增幅高达 7.64%，2008 年的增长率是 2007 年增长率的两倍，2010 年又出现急剧下滑，幅度是 8.5%。

　　美国单位劳动成本在 2000 年和 2001 年连续上涨，上升幅度约 2%，2002 年出现下滑的态势，增长率为 - 5.82%，2003 年有所减缓，2004 年出现最大的下滑幅度 7.66%，2006 年出现短暂的逆转之势，此后又开始下滑，到次贷危机爆发，单位劳动成本开始上升，上升的幅度高达 4.39%。

　　日本经济增长缓慢，单位劳动成本总体处于下滑的趋势，除 2001 年出现短暂的上升 3.25%，2003 年的下滑速度更是 11 年间的最大程度，高达 8.31%，此后两年下滑速度均在 5.4% 左右，2006 年下滑的态势有所缓和，但是美国的次贷危机的消极效应使得 2007 年单位劳动成本的下降速度达到 2005 年水平，2009 年单位劳动成本出现最大的上升幅度 11.1%。

第四章

汇率、劳动力市场制度与
劳动力市场调整理论模型

本章主要从理论上分析了汇率、劳动力市场制度对就业的影响。依托于新贸易理论的研究框架，在规模报酬递增、不完全竞争条件、企业异质性的假定下，拓宽企业的成本函数，在存在调整成本的情况下，剥离出企业出口行为中的调整成本因素。理论模型的结论将和劳动力市场不存在调整成本情况的就业汇率弹性做对比分析。

第一节　汇率与就业调整模型

经济理论认为，汇率改变国内产品和国外产品的相对价格，从而改变要素在部门或行业之间的配置。但是，汇率变动并不是完全传递（pass through）到进口价格上（Campa，Goldberg，2005，2008），所以企业的产量调整和价格调整存在滞后，如果企业面临的是完美的劳动力市场，可以没有成本地解雇工人和雇佣工人，那么，企业在产量调整和价格调整之间面临什么样的选择？即，在劳动力市场调整成本不存在的情况下，决定企业选择改变产量或改变劳动投入和价格的因素是什么？伯们和迈耶（Berman，Mayer，2012）在梅利兹（Melitz，2003）的基础上探索了企业异质性和分配成本对企业决策的影响。

一、消费者需求

$$u(C_{it}) = \left[\int x_{it}(\varphi)^{1-\frac{1}{\sigma}} d\varphi \right]^{\frac{1}{1-\frac{1}{\sigma}}} \tag{4-1}$$

式（4-1）是消费者效用函数。其中，φ 是消费者多样化指数，σ 是两种商品之间的替代弹性，大于 1，$x_{it}(\varphi)$ 是消费者多样化商品 φ 的消费量。消费者最大化个人消费可得多样化商品 φ 需求函数：

$$x_{it}(\varphi) = C_{it} \left[\frac{p_{it}(\varphi)}{P_{it}} \right]^{-\sigma} \tag{4-2}$$

那么，产品在出口目的地国家的价格是 $p_{it}^c(\varphi) = \frac{p_{it}(\varphi)}{\varepsilon_{it}} + \eta_{it} w_{it}$

$$\tag{4-3}$$

符号的含义与第二节相同。

二、企业的生产成本函数和就业汇率弹性

企业的生产成本由可变成本和固定成本 $F_{it}(\varphi)$ 组成，固定成本随着生产率变化。$c_{it}(\varphi) = \frac{w x_{it}(\varphi)}{\varphi} + F_{it}(\varphi) \tag{4-4}$

根据谢泼德引理，劳动需求等于成本对工资的导数：

$$L_{it}(\varphi) = \frac{\partial c_{it}(\varphi)}{\partial w} = \frac{x_{it}(\varphi)}{\varphi} \tag{4-5}$$

所以，就业对实际汇率的弹性等于式（4-6）：

$$\zeta = \frac{\partial L_{it}(\varphi)}{\partial q_{it}} \frac{q_{it}}{L_{it}(\varphi)} = \sigma \frac{1}{1 + \eta_i q_i \varphi} \tag{4-6}$$

与伯们和迈耶（Berman，Mayer，2012）的产出汇率弹性相同。

第二节 汇率、劳动力市场制度与就业调整模型

经济全球化加剧了开放经济体的外部冲击风险，2008年金融危机通过各种渠道迅速传递到全世界其他经济体。汇率冲击对经济体的影响，决定了一国如何选择适合本国经济发展需要的汇率灵活程度和汇率制度。伴随着外部冲击，工业化国家工业部门出现就业比例稳步下降和非熟练劳动力失业率的持续攀升现象。布兰查德和普邱噶（Blanchard，Portugal，2001）意识到，外部冲击的影响取决于一国的劳动力市场制度。本章主要是从理论角度探索汇率冲击对就业的影响以及这种影响与劳动力市场制度的关系。

关于汇率冲击对就业影响的研究主要有两类：第一类主要有卡帕和古德伯格（Campa，Goldberg，2001），他们认为汇率波动对美国工业部门的就业和工资有很小但是显著的影响，而且影响程度取决于行业的竞争能力和技术水平。虽然他们将劳动市场的调整成本模型化，即劳动市场上调整速度是调整成本的增函数，但是，在实证估计中并没有将劳动市场调整成本的效应分离出来。克莱恩等（Klein et al.，2002，2003）从劳动力市场流动出发，探索汇率对行业内部和行业之间就业流动以及分配的影响。此后的研究都是在卡帕和古德伯格（Campa，Goldberg，2001）的基础上拓展，福和巴拉苏巴姆（Fu，Balasubramanyam，2005）从具体的效率渠道考察实际有效汇率与就业的关系，他们扩展了出口和实际汇率影响劳动力使用的效率渠道。研究中国汇率与就业关系的 Hua（2007）和 Ruo Chen（2010）分别利用工业数据和全体行业数据验证了汇率影响就业的三种不同的渠道；纳斯和普邹鲁（Nussi，Pozzolo，2010）详细估计了市场垄断能力和进口投入对汇率就业弹性的影响，并提出工资调整是企业应对汇率冲击的另一种渠道，他们的模型对劳动

力市场调整成本作了与卡帕和古德伯格（Campa，Goldberg，2001）一样的处理，各种渠道估计系数包含了劳动力市场调整成本的影响，是劳动力市场调整的减函数。

第二类主要的理论基础是梅利兹（Melitz，2003）的贸易模型，通过模拟和其他实证方法检验劳动力市场刚性、开放以及不同的劳动生产率水平对就业汇率弹性的影响。伯们和迈耶（Berman，Mayer，2012）在贸易模型的基础上推导出就业的汇率弹性，发现劳动生产率和竞争力影响就业针对汇率冲击的调整过程，劳动力市场调整成本越高，就业汇率的弹性越低。佛纳德等（Fernando et al.，2010）在贸易模型中加入劳动力市场调整成本，并同时运用模拟和面板效应估计方法发现低劳动生产率水平、高贸易依存度以及灵活的劳动力市场的行业面对汇率冲击时，就业波动更为敏感。研究中国汇率和就业关系的 Hua（2007）和 Ruo Chen（2010）虽然分别具体分析了汇率的传播渠道和非贸易部门的就业调整过程，但是都没有考虑劳动力市场的调整成本。

本章在 Campa 和 Goldberg（2001）分析的基础上，沿用和简化伯们和迈耶（Berman，Mayer，2012）和佛纳德等（Fernando et al.，2010）的模型，首先在贸易模型中加入劳动力市场调整成本的函数，推导最优化条件下，劳动力市场调整成本、贸易开放度、劳动生产率与就业汇率弹性的关系。劳动力市场调整成本会影响企业的抉择，而且意味着比较低的工业岗位流动。[1] 本书在借鉴伯们和迈耶（Berman，Mayer，2012）和佛纳德等（Fernando et al.，2010）模型的基础上，利用劳动调整成本的简化对称形势（Pfann，Verspagen，1989），推导在贸易模型中，劳动力市场调整成本如何影响就业的汇率弹性。

---

[1] 高梅兹萨瓦等（Gómez-Salvador et al.，2004）和哈提瓦格等（Haltiwangeret al.，2006）实证经验中发现较低的就业岗位流动和劳动力调整成本的关系。

一、消费者需求

假定一国代表性消费者的跨期效用函数为：

$$U = E_0 \sum_{t=0}^{\infty} \theta^t u(C_{it}) \qquad (4-7)$$

其中，θ 是折旧系数。每个时期的效用函数为：

$$u(C_{it}) = \left[\int x_{it}(\varphi)^{1-\frac{1}{\sigma}} d\varphi \right]^{\frac{\sigma}{\sigma-1}} \qquad (4-8)$$

其中，φ 是消费者多样化指数，σ 是两种商品之间的替代弹性，x_{it} 是消费者多样化商品 φ 的消费量。消费者最大化个人消费，可得多样化商品 φ 需求函数：

$$x_{it}(\varphi) = C_{it} \left[\frac{p_{it}(\varphi)}{p_t} \right]^{-\sigma} \qquad (4-9)$$

二、企业生产函数

垄断竞争市场上，代表性厂商生产多样化商品 φ，出口到 i 国家。商品在 i 国家的价格，用 i 国家货币表示为：

$$p_{it}(\varphi) = \frac{p_t}{\varepsilon_{it}} + \eta_i w_{it} \qquad (4-10)$$

其中，p_t 是 t 时期商品在母国的价格；$p_{it}(\varphi)$ 是出口国的价格；ε_{it} 是 t 时期用本国货币表示的外国货币的价格；η_i 是出口目的国家的分配成本，用劳动力表示；w_{it} 是 t 时期出口国工人的工资。伯们和迈耶（Berman，Mayer，2012）引入分配成本的作用，是将替代弹性和其他参数与需求价格弹性和汇率弹性的函数形式表示出来。厂商的成本包括劳动力成本、固定成本以及劳动调整成本，形式如下：

$$c_t(\varphi) = w_t \frac{x_t(\varphi)\tau_t}{\varphi} + F_t(\varphi) + w_t A(\Delta L_t) \qquad (4-11)$$

其中，$A(\Delta L_t) = \dfrac{\gamma}{2}(\Delta L_t)^2$ $\qquad\qquad$ (4-12)

厂商选择产量和定价实现利润最大化：

$$\max E_0 \sum_{t=0}^{\infty} \tilde{\delta}_t \left[p_t \frac{x_t(\varphi)\tau_t}{\varphi} - c_t(\varphi) \right] \qquad (4-13)$$

其中，$\tilde{\delta}_t$ 是贴现系数，为简化起见，所有时期都相等。由于本书研究的重点不是分配成本，所以，以下分析中不考虑冰山成本 τ_t。通过最优化条件的一阶条件 FOC，可得利润最大化的价格和产量为：

$$p_t = \frac{\sigma}{\sigma-1}\left(1 + \frac{q_{it}\eta_i\varphi}{\sigma} + B_t\right)\frac{w_t}{\varphi} \qquad (4-14)$$

$$y_t = C_{it}P_i^\sigma w_{it}^{-\sigma}\left(\frac{\sigma-1}{\sigma}\right)^\sigma\left(\frac{1+B_t}{q_{it}\varphi} + \eta_i\right)^{-\sigma} \qquad (4-15)$$

其中，$\qquad\qquad q_{it} = \dfrac{\varepsilon_{it}w_{it}}{w_t}$ $\qquad\qquad\qquad$ (4-16)

q_{it} 表示实际汇率；B_t 包含现在和将来劳动调整的边际成本：

$$B_t = \gamma\Delta L_t - \delta E_t\left[\frac{w_{t+1}}{w_t}\gamma\Delta L_{t+1}\right] \qquad (4-17)$$

三、对数线性化最优产量和就业汇率弹性

将式（4-15）写成如下形式，其中，X_t 是所有的外生变量[①]：

$$y_t = X_t\left(\frac{1+B_t}{q_{it}\varphi} + \eta_i\right)^{-\sigma} \qquad (4-18)$$

将式（4-18）对数线性化的过程如下：

因为，$\qquad\qquad\qquad y_t = \phi L_t$ $\qquad\qquad\qquad$ (4-19)

$$\Delta y_t = \phi \Delta L_t$$

所以，$\dfrac{\mathrm{dln}y}{\mathrm{d}y} = \dfrac{1}{y} \approx \dfrac{\ln y_t - \ln y_{t-1}}{y_t - y_{t-1}}$

---

① 此外，还假定工资增长率为 0。

$$\Rightarrow y(\ln y_t - \ln y_{t-1}) \approx y_t - y_{t-1} \Rightarrow y\Delta \ln y_t \approx \Delta y_t \qquad (4-20)$$

$$\Delta L_t = \frac{\Delta y}{\phi} \approx \frac{y\Delta \ln y_t}{\phi} \qquad (4-21)$$

因为，$B_t = \gamma\Delta L_t - \delta E_t\left[\frac{w_{t+1}}{w_t}\gamma\Delta L_{t+1}\right] \approx \gamma\frac{y}{\phi}\left(\Delta \ln y_t - \delta E_t\frac{w_{t+1}}{w_t}\Delta \ln y_{t+1}\right)$

$$(4-22)$$

$$\ln y_t = \ln X_t - \sigma\ln\left(\frac{1+B_t}{q_{it}\varphi} + \eta_i\right) = \ln X_t + \frac{\sigma}{z}\ln\left(\frac{q_{it}\varphi}{1+B_t}\right)$$

$$= \ln X_t + \frac{\sigma}{z}\ln(q_{it}\varphi) - \frac{\sigma}{z}\ln(1+B_t)$$

$$\approx \ln X_t + \frac{\sigma}{z}\ln(q_{it}\varphi) - \frac{\sigma}{z}B_t$$

$$\approx \ln X_t + \frac{\sigma}{z}\ln(q_{it}\varphi) - \frac{\sigma\gamma y}{z\varphi}\left(\Delta \ln y_t - \delta E_t\frac{w_{t+1}}{w_t}\Delta \ln y_{t+1}\right) \qquad (4-23)$$

离稳定点的对数偏差是：

$$\hat{y}_t = \ln y_t - \ln y; \ \hat{X}_t = \ln X_t - \ln X; \ \hat{y_{t-1}} = \ln y_{t-1} - \ln y$$

$$\hat{y_{t+1}} = \ln y_{t+1} - \ln y \ \hat{q_{it}} = \ln q_{it} - \ln q \qquad (4-24)$$

因为，

$$\ln y \approx \ln x + \frac{\sigma}{z}\ln(q\varphi) \qquad (4-25)$$

$$\ln y_t \approx \ln X_t + \frac{\sigma}{z}\ln(q_{it}\varphi) - \frac{\sigma\gamma y}{z\varphi}\left(\Delta \ln y_t - \delta E_t\frac{w_{t+1}}{w_t}\Delta \ln y_{t+1}\right)$$

$$= \ln X_t + \frac{\sigma}{z}\ln(q_{it}\varphi) - \frac{\sigma\gamma y}{z\varphi}\Big[(\ln y_t - \ln y) - (\ln y_{t-1} - \ln y)$$

$$- \delta E_t\frac{w_{t+1}}{w_t}(\ln y_{t+1} - \ln y) + \delta E_t\frac{w_{t+1}}{w_t}(\ln y_t - \ln y)\Big]$$

$$= \ln X_t + \frac{\sigma}{z}\ln(q_{it}\varphi) - \frac{\sigma\gamma y}{z\varphi}\big[(\ln y_t - \ln y) - (\ln y_{t-1} - \ln y)$$

$$- \delta E_t(\ln y_{t+1} - \ln y) + \delta(\ln y_t - \ln y)\big] \qquad (4-26)$$

简化形式可得：

$$\hat{y}_t = \hat{X}_t + \frac{\sigma}{zq}\hat{q}_{it} - \frac{\sigma}{zq}\frac{(1+\delta)y}{\varphi}\gamma\hat{y}_t + \frac{\sigma}{zq}\frac{y}{\varphi}\gamma\hat{y}_{t-1} + \frac{\sigma}{zq}\frac{\delta y}{\varphi}\gamma E_t\hat{y}_{t+1}$$

$$(4-27)$$

其中，带上标的变量代表原变量的对数形式与稳定状态的偏离值。此外，假定外生变量和实际有效汇率遵从一阶自回归过程：

$$\hat{X}_t = \rho_X \hat{X}_{t-1} + \varepsilon_t^X \tag{4-28}$$

$$\hat{q}_{it} = \rho_q \hat{q}_{it-1} + \varepsilon_t^q \tag{4-29}$$

因此，可得出模型的解的形式：

$$\hat{y}_t = \alpha_0 \hat{X}_t + \alpha_1 \hat{q}_{it} + \alpha_3 \hat{y}_{t-1} \tag{4-30}$$

$$\alpha_1 = \frac{\alpha_3}{\left[1 + \alpha_3 \dfrac{(1+\delta)y}{\varphi}\gamma\right]\left[1 - k(\alpha_2 + \rho_q)\right]} \tag{4-31}$$

$$k = \frac{\alpha_3 \dfrac{\delta\gamma y}{\varphi}}{1 + \alpha_3 \dfrac{(1+\delta)y}{\varphi}\gamma} \tag{4-32}$$

$$\alpha_3 = \frac{\sigma}{1+\eta\varphi q} \tag{4-33}$$

$$\alpha_2 = \frac{1 - \sqrt{1 - 4k^2\delta^{-1}}}{2k} \tag{4-34}$$

其中，就业的汇率弹性就是 α_1。

四、就业汇率弹性决定因素

（一）决定就业汇率弹性的劳动力调整成本因素

由就业的汇率弹性的公式可以看到，影响就业汇率弹性的因素有劳动力市场调整成本。由就业汇率弹性变形可得：

$$\alpha_1 = \frac{\varphi}{\delta\gamma y}\frac{k}{(1-k\alpha_2 - k\rho_q)},\ \frac{\partial\alpha_3^{sign}}{\partial\gamma} = 0,\ \frac{\partial k^{sign}}{\partial\gamma} = \gamma > 0,\ \frac{\partial k\alpha_2^{sign}}{\partial\gamma}\frac{\partial k^{sign}}{\partial\gamma} = \gamma > 0$$

所以，$\dfrac{\partial \alpha_1{}^{sign}}{\partial \gamma} = \dfrac{\partial \left(\dfrac{k}{\gamma}\right)}{\partial \gamma} + \dfrac{\partial k\alpha_2}{\partial \gamma} + \dfrac{\partial k^{sign}}{\partial \gamma} = -\dfrac{1}{\gamma^2} + 2\gamma^2$

可以看到，就业汇率弹性对劳动力调整成本的符号不能直观判断，所以利用数值模拟判断就业汇率弹性与劳动力调整成本的关系，其中，横坐标表示劳动力调整成本，纵坐标是就业汇率弹性。在模拟参数的选择上，本书依据伯们和迈耶（Berman，Mayer，2012）以及佛纳德等（Fernando et al.，2010），$\delta = 0.96$；$\rho_q = 0.5$；$\eta = 0.5$；$\sigma = 7$；$q = 6$；$y = 2$。模拟结果显示，劳动力调整成本的提高降低了就业汇率弹性。

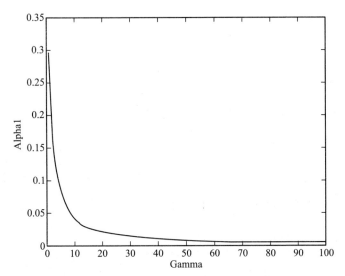

图 4 - 1 劳动力调整成本与就业汇率弹性的关系

注：由 Matlab7 生成。

劳动力市场调整成本的提高（γ）将降低就业对汇率的弹性。阿健度和梅利兹（Alejandro，Melitz，2007）发现，劳动力市场灵活性的国家更倾向于波动程度高的行业。菲德瑞扣等（Federico et al.，

2010）研究发现，EPL 降低人均投资、就业再分配以及劳动生产率，因此，可以得出劳动力市场灵活性可能通过影响就业再分配渠道改变就业的汇率弹性。

（二）决定就业汇率弹性的其他因素

就业汇率弹性变形可得：$\alpha_1 = \dfrac{\varphi}{\delta\gamma y}\dfrac{k}{(1 - k\alpha_2 - k\rho_q)}$

因为，$\dfrac{\partial\alpha_3{}^{\text{sign}}}{\partial\sigma} = \dfrac{1}{1 + \eta\varphi q} > 0$，$\dfrac{\partial k^{\text{sign}}}{\partial\sigma} \dfrac{\partial\alpha_3{}^{\text{sign}}}{\partial\sigma} = \dfrac{1}{1 + \eta\varphi q} > 0$，

$$\dfrac{\partial k\alpha_2{}^{\text{sign}}}{\partial\sigma} = \dfrac{\partial k^{\text{sign}}}{\partial\sigma} = \dfrac{1}{1 + \eta\varphi q} > 0$$

所以，$\dfrac{\partial\alpha_1{}^{\text{sign}}}{\partial\sigma} = \dfrac{\partial k}{\partial\sigma} \times \dfrac{\partial k\alpha_2}{\partial\sigma} \times \dfrac{\partial k^{\text{sign}}}{\partial\sigma} = \left(\dfrac{1}{1 + \eta\varphi q}\right)^3 > 0$。

由就业汇率弹性我们可以得到，经济开放度的提高（σ），将会提高就业对汇率的弹性。

因为，$\dfrac{\partial\alpha_3{}^{\text{sign}}}{\partial\varphi} = -\dfrac{1}{\varphi^2} < 0$，$\dfrac{\partial k^{\text{sign}}}{\partial\varphi} \dfrac{\partial\alpha_3{}^{\text{sign}}}{\partial\varphi} = -\dfrac{1}{\varphi^2} < 0$，$\dfrac{\partial k\alpha_2{}^{\text{sign}}}{\partial\varphi} \dfrac{\partial k^{\text{sign}}}{\partial\varphi} = -\dfrac{1}{\varphi^2} < 0$

所以，$\dfrac{\partial\alpha_1{}^{\text{sign}}}{\partial\varphi} = \dfrac{\partial k\varphi}{\partial\varphi} + \dfrac{\partial k\alpha_2}{\partial\varphi} + \dfrac{\partial k^{\text{sign}}}{\partial\varphi} = k - \dfrac{3}{\varphi^2}$

可以看到，就业汇率弹性对生产率的倒数取决于上述方程两项之和，当 $\gamma = 0$，即劳动力不存在调整成本时，生产率的提高（φ）降低就业对汇率的弹性。

$$\dfrac{\partial\alpha_1{}^{\text{sign}}}{\partial\rho_q} = \left(-\dfrac{1}{k}\right) \times \left(-\dfrac{1}{\rho_q{}^2}\right) > 0$$

可见，汇率持久性提高（ρ_q），提高了就业对汇率的弹性。

当劳动力调整成本存在时，就业汇率弹性为：当 $\gamma = 0$ 时，$\alpha_1 = \sigma\dfrac{1}{1 + \eta_i q_i \varphi}$；

卡帕和古德伯格（Campa，Goldberg，2001）、Hua（2007）和 Ruo Chen（2010）以及纳斯和普邹鲁（Nussi，Pozzolo，2010）都

曾详细分解汇率通过进口投入、出口竞争以及技术外溢等渠道对就业的影响，即经济开放度提高会提高就业汇率弹性；伯们和迈耶（Berman，Mayer，2012）发现，汇率贬值时，劳动生产率高的厂商倾向于提高价格的加成比例而不是改变产量，劳动生产率低的厂商则相反，从而可以得出劳动力市场面对汇率贬值调整状态与上述一致的结论，即劳动生产率的提高降低劳动需求对汇率的弹性。佛纳德等（Fernando et al.，2010）利用模拟和面板回归验证上述前三个因素对 23 个 OECD 国家的工业部门就业汇率弹性的影响。

第三节　本章小结

本章理论模型的基础是新新贸易理论，企业是异质性，卡帕和古德伯格（Campa，Goldberg，2001）在分析汇率影响就业的贸易结构中，认为劳动力市场不存在调整成本。事实上，现实中劳动力市场上的各种规章制度以及工会组织，决定了当汇率波动时，企业对产量和劳动投入的调整是存在时滞，不能一步到位。企业解雇工人和雇佣工人存在除工资外的其他成本，劳动力市场的制度所带来的调整成本对生产效率来说是一种损失，对就业来说提供了一种制度上的保障，是一国劳动力市场灵活性与刚性重要的决定因素。本章试图在新新贸易理论的框架下，在企业的生产成本中加入调整成本，探索调整成本对就业汇率弹性的影响，是在伯们和迈耶（Berman，Mayer，2012）成本函数维度上的另一个延伸。区别于佛纳德等（Fernando et al.，2010）的搜寻成本，本章利用劳动调整成本的简化对称形势（Pfann，Verspagen，1989），推导最优化条件下，劳动力市场调整成本、贸易开放度、劳动生产率与就业汇率弹性的关系。此外，模型得出的结论与不存在劳动调整成本背景下就业汇率弹性进行比较，发现完美的劳动力市场下就业汇率弹性是刚性劳动力市场条件下就业汇率弹性的一种极端现象。

第五章

汇率、劳动力市场制度与劳动力
市场调整实证分析

本章在第四章理论模型的基础上，从实证角度分析了汇率、劳动力市场制度对中国工业行业就业和工资（技能溢价）的影响。本章首先，简述了中国人民币汇率制度的发展状况以及梳理了实际有效汇率测算的不同方法和标准，在比较各种实际有效汇率之后，从方法的可行性以及数据的可得性出发，利用国际货币基金组织的数据和国际清算银行的方法，构建了基于各个行业在全世界各个国家进出口权重的实际有效汇率指标，因为现有的实际有效汇率并未细化到中国可贸易的工业行业层面。此外，还运用平滑方法（Rven，Ulig，2005）过滤掉暂时变化部分，得到其长期变化的趋势。其次，在第二节设计了中国行业的劳动力市场灵活的指标，作为劳动力市场调整成本的代理变量并与现有的劳动力市场化指数做合理性检验。在完成实际有效汇率和劳动力市场灵活化测度之后，第三节从实证角度检验，在不考虑劳动力市场调整成本的情况下，首先，分析汇率影响就业和工资的三种渠道：出口竞争、进口渠道以及效率渠道；其次，考察汇率对就业流的影响以及行业加成定价等因素对就业汇率弹性的影响，最后，基于前面的实证结果，测算就业汇率弹性、工资汇率弹性以及就业流动汇率弹性并进一步探索影响这些弹性的其他结构因素。第四节从实证角度考察，在存在劳动力市场调整成本的情况下，就业面对汇率冲击的调整过程，这部分涵盖了汇率对就业影响的渠道分析、生产效率等其他因素对就业的影响以及劳动调整成本通过作用于就业流动对就业调整的影响。第五节，考察汇率、劳动力市场调整成本对技能溢价的影响。

第一节　人民币汇率制度以及实际有效汇率测算

一、中国人民币汇率的变迁

自改革开放以来，人民币汇率制度经历了如下调整：双重汇率制度（1981～1993年）、以市场供求为基础的、单一的、有管理的浮动汇率制度（1994～1997年），钉住美元的汇率制度（1998～2005年7月）和现阶段的参考"一篮子"货币为基础的、有管理的浮动汇率制度四个阶段（2005年7月至今）。外在的压力和内在的需求，更是在2008年以后加剧了人民币汇率的升值，波动幅度在激增，弹性增加。

具体分析中国汇率制度的四个阶段。

第一阶段：双重汇率制度。改革开放以前，中国实行计划经济体制，几乎所有的国际贸易由国家指定的外贸公司垄断经营。进出口的数量以及价格是按照计划执行，所以，人民币汇率没有发挥价格杠杆的作用。此后，中国实行双重汇率制度，即贸易内部结算价仅限于进出口贸易外汇的结算，官方汇率主要适用于旅游、运输、保险等经常项目；在此期间，官方汇率制度和外汇调剂市场汇率制度并存。从1985年1月1日起，中国取消贸易内部结算价，官方汇率应用于贸易结算和非贸易外汇兑换。同时，1985年国家提高了外汇留成比例，并成立了外汇调剂中心，由此形成了外汇调剂市场汇率。

第二阶段：以市场供求为基础的、单一的、有管理的浮动汇率制度（1994~1997年），1994年1月1日，人民币实行以市场供求为基础的、单一的、有管理的浮动汇率制度，人民币汇率一步并轨到1美元等于8.7元。这个阶段，人民币汇率升值的预期，促使其从1994年的8.5278下降到1997年的8.283。

第三阶段：钉住美元的汇率制度（1998~2005年7月）。亚洲金融危机爆发后，泰国、印度尼西亚等东亚经济体纷纷放弃了钉住美元的汇率制度，扩大了汇率浮动的幅度，实行了比较灵活的汇率制度。在此期间，人民币币值的高度稳定使之承担起了稳定区域内货币金融秩序的职责。美国认为，中国实行的"钉住美元汇率"政策，制约了美元贬值的积极效用，仅仅是通过国际市场的竞争增强了中国企业的出口竞争力和技术提高，进一步扩大了中国对美国和世界的出口。2002年，美国对中国贸易逆差达到1031亿美元，美国希望通过人民币升值，阻碍中国商品大规模进入美国。同时，中国由于经济高速增长，已经逐渐成为亚洲经济发展的"火车头"和世界经济发展的"引擎"，因此，人民币的价值日趋提高。

第四阶段：2005年7月21日，中国人民银行宣布人民币汇率形成机制改革，主要内容是人民币对美元升值2%，放弃人民币钉住单一美元，实行"以市场供求为基础的、参考'一篮子'调节的、有管理的浮动汇率制"。2008年7月之后，美国救市计划的实行以及资金规避风险的需求推动美元小幅反弹，人民币汇率比较稳定，保持在6.83元人民币/美元。2010年6月19日，中国人民银行宣布"将进一步推进人民币汇率形成机制改革，增强人民币汇率弹性，对人民币汇率浮动进行动态管理和调节"。2011年，人民币小幅升值，双向浮动特征明显，汇率弹性明显增强，人民币汇率预期总体平稳，2012年人民币兑美元的汇率为6.3125，2013年人民币升值幅度明显，汇率达到6.1932，2014年人民币汇率延续小幅升值的趋势，同比升值 0.82%，高达 6.1428，2015 年人民币结束上升的趋势，开始贬值，全年贬值 5.8%，2016 年人民币全面贬值 6.8%。

二、实际有效汇率的测算

实际有效汇率，是衡量一国货币对宏观经济作用的重要指标。它是本国及与其关系密切的其他国家货币双边汇率的加权平均，是分析本国货币实际汇率水平，及其在国际贸易、外汇储备、外商直接投资甚至货币政策等作用的重要指标。

实际有效汇率测算包含三个重要方面，第一，名义汇率的选择，两国之间的双边名义汇率；第二，所选货币权重的确定。第三，价格指数的确定。计算方法通用的有两种，算数加权平均法和几何平均法。

1. 样本国选择

实际有效汇率是衡量一国货币对宏观经济作用的重要指标，很多国际经济组织都定期公布范围不等的国家货币的实际有效汇率指数，如国际清算银行（BIS）、国际货币基金组织（IMF）、经济合作与发展组织（OECD）等。它们编制的实际有效汇率指数涵盖的范围不同，见表 5-1。

表 5-1　　　　　　　各经济机构 REER 的样本国选择

公布机构	包含国家数目	说明
国际清算银行（BIS）	宽口径指数：52 窄口径指数：27	窄口径指数：比较 27 个传统发达经济体（从 1964 年起）；宽口径指数：比较了 52 个经济体，增加了亚洲、中东欧和拉丁美洲新兴市场经济国家（从 1994 年起）
国际货币基金组织（IMF）	185	包括工业系统方法 164 国和欧元区；全球系统方法的 16 国以及其他 4 国
经济合作与发展组织（OECD）	47	包括 30 个 OECD 国家，7 个动态亚洲经济体、5 个主要新兴市场国家，欧盟、欧元区等

续表

公布机构	包含国家数目	说明
欧洲央行（ECB）	Narrow EER – 13 Broad EER – 39	窄指标中主要包括工业国家和新兴工业国家，宽指标中包括新兴市场国家和转型国家，分别涵盖欧元区产成品贸易的 61.2% 和 88.8%
英格兰银行（BE）	ERI：15 Broad ERI：24	主要包括使用英镑的国家以及其他 10 个不使用英镑的国家
美联储（Federal Reserve Board）	宽指数：26 主要货币指标：7 其他重要贸易伙伴：19	宽指数 26 国涵盖了 2003 年美国对外贸易的 90% 以上；其中，欧洲、加拿大、英国、日本、瑞士、瑞典、澳大利亚货币为主要货币；其余 19 国构成其他重要贸易伙伴 OITP
澳大利亚储备银行（Reserve Bank of Australia）	24	样本国与澳大利亚贸易量占澳大利亚贸易总额的约 90% 以上，且每年根据贸易情况调整

资料来源：巴曙松等（2007）。

现实中不可能包括所有国家的货币，所以，在样本国的范围内，没有一致的定论，但是一般遵从几点要求：一是，对本国的影响比较大，例如，与本国贸易流较大的国家，且进出口总额占本国贸易量很大。二是，样本国区域结构构成合理。三是，数据的可获得性。

2. 权重构造方法

计算实际有效汇率的关键问题就是确定样本国竞争力权重，反映了样本国 i 对测算国贸易的重要程度，一般贸易量越大，权重越大。具体构建权重的方法由测算的目的决定。广泛使用的方法，是国际贸易流的权重构造方法。这类方法主要分为三种：双边出口权重体系（bilateral export weighting system）、多边出口权重体系（multilater alexport weighting system）和双出口权重体系（double export weighting system）。本章主要介绍一下 BIS 的双出口权重体系。

经济体中 N 个样本国货币，以脚标 j 表示本国，脚标 i 表示样本国。竞争力权重反映直接出口、进口以及第三国市场效应。

进口权重：
$$w_i^m = \frac{m_j^i}{m_j} \tag{5-1}$$

出口权重：
$$w_i^x = \left(\frac{x_j^i}{x_j}\right)\left(\frac{y_i}{y_i + \sum\limits_h x_h^i}\right) + \sum\limits_{k \neq i}\left(\frac{x_j^k}{x_j}\right)\left(\frac{x_j^k}{y_k + \sum\limits_h x_h^k}\right) \tag{5-2}$$

总体权重：
$$w_i = \left(\frac{m_j}{x_j + m_j}\right)w_i^m + \left(\frac{x_j}{x_j + m_j}\right)w_i^x \tag{5-3}$$

其中，x_j^i 表示本国出口到 i 国的出口量，x_j 是本国总出口量，y_j 表示本国在本国市场的产出，m_j^i 是本国从 i 国的进口量，m_j 是本国总进口量。

出口权重分解为直接出口竞争和第三国竞争效应。出口权重的第一项是直接出口竞争效应：$\dfrac{x_j^i}{x_j} \dfrac{y_i}{y_i + \sum\limits_h x_h^i}$

表示 i 国出口占本国出口的比重，比重越大，表明 i 国市场越重要。

表示 i 国的开放程度。

第三国市场效应指的是，出口权重公式右边第二项，考虑 i 与 j 相互竞争的所有其他市场 k 对 j 国而言，如果 k 是 j 国出口的重要市场或者 i 国的出口占 k 市场的较大份额，那么，在第三国市场 k 上 i 国是 j 国更重要的一个竞争者，在货币篮子中权重更大。

3. 价格指数选择

消费价格指数（CPI）是常用的价格基数，IMF 测算的人民币实际有效汇率采用的就是这种指数。此外常用的价格指数，还包括国内生产总值平减指数（GDP deflator）、批发价格指数（WPI）和制造业部门单位劳动力成本指数（ULC）。消费者价格指数和国内生产总值平减指数、价格指数是总体价格指数。贸易品价格指数中的批发价格指数（WPI），是从支出角度衡量本国贸易品与外国贸易品之间相对消费价格的变化。贸易品价格指数中的制造业部门单位劳动力成本指数（ULC），是从生产角度衡量本国贸易品与外国贸易品之间相对生产价格或相对生产成本变化的。消费价格指数（CPI）和制造业部门单位劳动力成本指数（ULC），是常用的两种价格指数。

特纳等（Turner et al.，1993）在构建实际有效汇率时，采取双重权重以及考虑第三国市场效应的方法。① 以中国为例，选取与中国贸易往来的 N 个样本国货币，以脚标 c 表示中国，脚标 i 表示样本国 i，脚标 j 表示行业，平减指数选择 CPI 以保持国际间的可比较性。

$$\mathrm{REER}_{jc,t} = \prod_{i=1}^{N(t)} \left(\mathrm{rer}_{c,t}^{i} \right)^{w_{c,t}^{i,j}}, \quad \mathrm{rer}_{c,t}^{i} = \frac{e_{i,t} \times p_{c,t}}{p_{i,t}} \tag{5-4}$$

进口权重和出口权重的简化形式分别为：

$$w_{i}^{m} = \frac{m_{j}^{i}}{m_{j}}, \quad w_{i}^{x} = \frac{x_{j}^{i}}{x_{j}} \tag{5-5}$$

总体权重为：

$$w_{c,t}^{i,j} = \left(\frac{m_{j}}{m_{j} + x_{j}} \right) w_{i}^{m} + \left(\frac{x_{j}}{m_{j} + x_{j}} \right) w_{i}^{x} \tag{5-6}$$

其中，$x_{j}^{i}(m_{j}^{i})$ 指国家 j 出口（进口）到（从）国家 i 的价值量；$x_{j}(m_{j})$ 是国家 j 的总出口（进口）；$p_{c,t}$ 是中国的消费者价格指数（CPI），$p_{i,t}$ 是贸易国的消费者价格指数；$e_{i,t}$ 表示人民币与样本国 i 货币的间接汇率，汇率数据和消费者价格指数数据均来自于国际货币基金组织。

---

① 第三国市场效应涉及与本国有贸易关系的所有国家的细分行业的产出以及工业总产出，鉴于各国行业标准体系的不同以及数据可得性，细分行业的实际有效汇率采纳了 BIS 的简化形势，即出口权重结构，未包括第三国市场效应，中国研究人民币实际有效汇率几乎都没有考虑第三国市场效应。

第二节　劳动力市场制度变革以及
灵活性指标的设计

一、中国劳动力市场灵活性制度安排

中国开始经济体制改革后，市场结构随之调整。而劳动立法以及劳动力市场制度方面的重大变革，推动了这一调整的进程。非公有制企业受政府管制较少，政府的宏观调控手段更趋于市场化，增强了企业调整的灵活性，它们根据产品需求调整就业和工资或者提供非正规工作。

工资决定的市场化程度逐步提高。在国有企业，政府逐渐取消了对企业经济管理的干预，改为行业指导工资。1993 年，《国家公务员暂行条例》规定了以职务和等级为主的职级工资制，公务员的工资由基础工资、职务工资、工龄津贴和奖金构成。2005 年，劳动和社会保障部等四部门共同下发了《关于进一步推进工资集体协商工作的通知》，强调在企业改制过程中工资集体协商的重要性，工资协商制度的不断推广促进了劳动力工资的合理化和劳动力市场的成熟，完善了机关事业单位工作人员工资的正常调整机制。2008 年，中国制定公务员工资方面的法规，以及专门规范企业工资分配制度的《企业工资条例》。2011 年，《人力资源和社会保障事业发展"十二五"规划纲要》，强调继续深化工资制度改革，形成合理有序的收入分配格局。按照市场机制调节、企业自主分配、平等协商确定、政府监督指导的原则，形成反映劳动力市场供求关系和企业经济效益的工资决定机制和增长机制。

就业灵活程度逐步提升。2003 年，《中共中央关于完善社会主义市场经济体制若干问题的决定》提出，要实施积极的就业政策，首次将创造就业岗位作为年度调控的第二大目标。2007 年，《中华人民共和国就业促进法》出台，标志着中国开始建立面向全体劳动者的就业促进制度。2012 年，国务院下发了关于批转促进就业规划（2011～2015 年）的通知，继续推进市场制度在城乡统筹、引导农业富余劳动力有序转移就业、促进高校毕业生基层就业和自主创业的作用。逐步有效实施就业促进法、劳动合同法、劳动争议调解仲裁法，促进就业的法律体系和劳动关系协调机制逐步健全。《人力资源和社会保障事业发展"十二五"规划纲要》要求继续实施更积极的就业政策，健全劳动者自主择业、市场调节就业、政府促进就业相结合的机制，创造平等的就业机会，提高就业质量。在促进青年就业方面，继续组织实施高校毕业生"三支一扶"计划；对促进农业劳动力转移方面，加强就业信息引导，搭建劳务信息对接平台，加强企业用工指导和职业培训，努力缓解就业结构性矛盾，促进农业劳动力平稳、有序地外出务工。构建灵活规范的人力资源市场，整合人力资源市场管理职能，统一市场管理法规和政策制度，消除人力资源市场城乡分割、身份分割和地区分割。

二、劳动力市场灵活性指标的构建及合理性检验

新兴经济体的迅速发展带来的技术变革，刺激着工业化国家进行劳动力市场改革，保持灵活有竞争能力的劳动力市场。劳动力市场灵活安全性程度高的欧洲国家就致力于这一目标。布兰查德和沃夫（Blanchard，Wolfers，2000）强调了冲击和劳动力市场机构交叉对就业和失业动态变化的重要性。布兰查德和普邱噶（Blanchard，Portugal，2001）发现，土耳其和美国不同的失业持续时间和就业流动的原因是土耳其比美国更严格的就业保护制度，同时它使得土耳其的经济更僵化。阿美达和欧普穆拉（Almeida，Opromolla，

2009）利用 DSGE[1] 模型模拟葡萄牙经济中一系列冲击对非贸易部门和劳动力市场刚性的影响，发现劳动力市场灵活性的提高可能有助于提高经济体的竞争力。

这部分将构建一个衡量行业水平的劳动力市场灵活性指标，并应用在实证分析中。就业保护指数 EPL 是 OECD 广泛采用的衡量劳动力市场灵活性的指标。该指标包含三部分：保护正规就业人员免于解雇的指标、集体解雇特殊要求的指标以及正规的临时就业的指标。转型中的中国劳动力市场，缺乏相关方面的指标研究。本章参照弗纳德和密凯欧（Fernando，Miquel，2010）在设计各个行业市场灵活性时指标选取方法和普特拉（Portela，2001）技术指标的构造方法，构建中国采掘业和工业各个行业的劳动力市场灵活性的综合指标：

$$\text{flex}_{jt} = \left(0.5 + \frac{\exp(f_{1,jt})}{1 + \exp(f_{1,jt})} \right) \cdot \left(0.5 + \frac{\exp(f_{2,jt})}{1 + \exp(f_{2,jt})} \right) \cdot \left(0.5 + \frac{\exp(f_{3,jt})}{1 + \exp(f_{3,jt})} \right)$$

$$(5 - 7)$$

其中，$f_{1,jt}$ 是 j 行业 t 年小型企业就业人数占全部就业人数的比例，指示未被集体合同覆盖的劳动者比重，集体合同覆盖率越低，表明工人谈判能力低，受到外部冲击时更容易被解雇（Fernando，Miquel，2010）。市场经济改革以来，中国实行集体合同和三方协商机制，集体合同覆盖了大多数大中型企业，2006 年大型企业的劳动合同制度覆盖率已达 96.7%。[2] 数据来源于 1999 ~ 2010 年《中国工业经济统计年鉴》。

$f_{2,jt}$ 是 j 行业 t 年乡镇企业就业人数占全部就业人数的比重，与 EPL 中临时就业指标类似。农村剩余劳动力作为临时就业的主体，其社会保障较低，流动性很大，离职率很高。[3] 弗纳德和密凯欧（Fernando，Miquel，2010）认为，临时就业人员比重越高，劳动市

---

① DSGE 是动态随机一般均衡的缩写，即 dynamic stochastic general equilibrium。

② 统计数据来源于 2006 年中国大型企业集团。

③ 与国有企业、集体企业和外资企业相比，私营企业中民工的流动率是最高的81.1%，在一定程度上表明农民工的就业状态处于非正规就业的临时就业状态。数据来源于南亮进等（2005）。

场灵活程度越高。

$f_{3,jt}$是 j 行业 t 年的集体企业就业人数比重，这类企业的工人平均工资最低。[1] 巴伯克等（Babecký et al.，2009）证实，雇用更为便宜的工人是葡萄牙工业部门降低劳动成本的主要策略。利用自然对数形式而且用 0.5 校正的目的在于，保证每个指标都在 0.5（当指标无穷小时）和 1.5（指标无穷大时）之间，此外，对数分布能够保证指标在其中值附近波动（Fernando，Miquel，2010）。

为了证实行业灵活性指标是劳动力调整成本的合理代理变量，本书比较樊纲等（2011）劳动力市场化指数，预期他们之间的负向关系。行业灵活性指标[2]与劳动力市场化指标之间的相关关系为 -0.666，此外，分别将 $flex_{jt}$、$f_{1,jt}$、$f_{2,jt}$、$f_{3,jt}$ 作为被解释变量对劳动力市场化指数进行回归[3]发现，1% 显著水平下分别为 -0.10、-0.009、0.006 以及 -0.005，第二项分项指标与劳动力市场化指数关系为正的原因是二者都偏重劳动力流动，其他都是负向关系，所以行业灵活性指标可以作为劳动力调整成本的代理变量。

第三节 在劳动力市场无调整成本条件下，汇率影响就业和工资的实证检验

经验文献关于就业汇率弹性的影响因素研究一般分为两类，第一类就是假定劳动力市场是平滑的，不存在调整成本的情况，就业和工资在汇率波动时的调整路径（Campa，Goldberg，2001；Klein et al.，2002，2003；Nussi，Pozzolo，2010；Ruo Chen，2010）。现有文献中，鲜有实际汇率对中国制造业就业影响的研究，Hua

---

[1] 考察期内《中国统计年鉴》显示集体企业工人平均工资最低。
[2] 总的行业劳动力市场灵活性指标，是分行业灵活性指标与各自就业比重之和（Fernando，Miquel，2010）。
[3] 拟合程度分别为 0.147、0.595、0.488 和 0.063。

（2007）曾得出汇率升值将减少就业的结论，Ruo Chen（2010）研究实际汇率波动对整个经济的影响，并验证实际汇率影响工业部门和非工业部门的渠道。然而，并没有针对细分工业部门的研究以及实际汇率对工资调整的影响，一般而言，不同的工业部门价格的加成比例、技术效率以及市场竞争结构等是不同的，其对实际汇率波动的敏感程度也不相同。Hua（2007）和 Ruo Chen（2010）都没有考虑面对汇率冲击时，技术效率、工业部门的加成比例以及行业劳动力技术结构等明显的行业特征对就业汇率弹性的影响，也没有考虑这些行业特征对就业流动和工资的影响，他们仅把工业部门作为一个整体来考虑。

本节按照细分行业的分类①详细探索加成比例、贸易程度以及劳动力技术结构等特征对细分行业就业汇率弹性、工资汇率弹性以及就业流动弹性的影响；并且，进一步研究和检验在汇率冲击下，细分工业部门就业调整和工资调整的不同渠道。为了区分不同性质的工业部门就业和工资对实际有效汇率的反应，本节根据汇率波动程度、价格加成比例以及贸易依存度等分成不同的子样本，验证不同弹性的敏感程度。

实际有效汇率波动影响就业和工资的渠道一般有三个，除去多数文献关注的进口竞争外，卡帕和古德伯格（Campa，Goldberg，2001）将工业部门面临的汇率波动分解为出口收益、进口竞争、进口投入三种渠道。实际上，工业部门的进口渗透和进口投入品的使用高度相关，这些具体的传播渠道在实证经验中无法分开。福和巴拉苏巴姆（Fu，Balasubramanyam，2005）扩展了出口和实际汇率影响劳动力使用的效率渠道，此后，Hua（2007）和 Ruo Chen（2010）分别利用工业数据和全体行业数据验证了这一渠道。本节综合分析和

---

① 细分行业包括采掘业和制造业 39 个部门，由于在贸易数据分类时将食品制造和农副食品加工合在一起，为了保证贸易数据和细分行业一致性，将这两个行业合成一个，同时，去掉其他采矿业、工艺品及其他制造业、废弃资源和废旧材料回收加工业、燃气生产和供应业以及水的生产行业。最终有 33 个行业。

检验了汇率影响就业、工资以及就业流动的竞争渠道、出口渠道和效率渠道；并且，利用行业虚拟变量、进口渗透率、内资企业的外销比例和实际有效汇率的交叉项检验汇率影响的进口渗透渠道。

此外，本节在实证部分根据估计结果计算就业汇率弹性、工资汇率弹性以及就业流动的汇率弹性，并进一步估计了劳动资本比例、劳动力的技术结构以及加成比例对不同弹性的影响，还分析了不同要素密集度、全要素生产率等行业特征对关键变量的影响。在估计方法上，由于涉及就业的滞后项以及内生性问题选择了 system GMM 和 DD – GMM 估计方法作为稳健性检验；对于工资的影响估计则采纳了面板数据估计。

一、汇率影响劳动力市场调整的渠道检验

本节在理论模型的基础上，借鉴卡帕和古德伯格（Campa, Goldberg, 2001）以及纳斯和普邹鲁（Nussi, Pozzolo, 2010）贸易结构分解方法，将影响就业汇率弹性中的开放因素按照进出口结构进行分解。汇率可通过影响本国市场和外国市场上的边际收益以及进口投入的成本影响劳动力需求，而边际收益对汇率的弹性取决于工业 pass-through 弹性。[①] 所以，汇率波动影响就业和工资的渠道主要有进口渗透、出口竞争以及进口投入三种，由于进口投入与进口渗透高度相关，卡帕和古德伯格（Campa, Goldberg, 2001）在实证中无法区分；类似的分析有克若恩（Koren, 2001），他更注重出口和成本角度；福如凯（Frenkel, 2004）认为，存在宏观经济、发展以及劳动强度等三个渠道。从汇率就业弹性中能得到如下渠道。

（一）进口竞争渠道

纳斯和普邹鲁（Nussi, Pozzolo, 2010）认为，厂商的外部市场

---

① 卡帕和古德伯格（Campa, Goldberg, 2001）发现，汇率波动程度大的国家的 pass-through 弹性相对比较大，所以，汇率波动传递到进口商品的价格程度较大。

定位是决定汇率影响就业的方向和程度的关键因素，除了边际收益和成本传导机制，价格的汇率弹性（pass-through）影响就业汇率弹性的灵敏度。汇率到外部的出口价格的传导（pass-through）程度越低，就业针对汇率波动的反映越强烈。大量的研究将汇率与价格的关系集中在决定 pass-through 水平的市场结构上。在垄断竞争市场条件下，本国的价格汇率弹性与进口替代成正比，同时，外国市场的价格汇率弹性也存在同样的关系（Dornbusch，1989）。

（二）出口渠道

本币相对贬值会带来产品需求的增加，从而增加劳动力需求，即，价格需求弹性越高，劳动投入和利润越高。一般认为，拥有较高的就业对汇率的敏感性的厂商的市场能力较低。市场能力一般用加成指数表示，当加成指数较低时，厂商就业对汇率的敏感性放大，卡帕和古德伯格（Campa，Goldberg，2001）和丹尼和特如斯（Danny，Terence，2005）都发现，加成程度低的部门就业对汇率的长期弹性越大。

（三）效率渠道

汇率在两方面影响劳动投入的使用效率。可贸易部门的劳动效率一般比非贸易部门的劳动效率高，因为开放带来市场规模的扩张，"干中学"和规模效应将提高劳动效率。一般而言，企业的出口地位与高生产率、高资本和熟练劳动力比例相关（Bernard et al.，2007）；此外，出口工业部门吸收国外先进的技术和知识，加强组织管理效率，贬值可带来该部门的生产率增长（Aizenman，Lee，2008；Korinek，Serven，2010）。但是，学习渠道可能在长期发挥效应，在短期内可能并不能检验出这种效应。为了区分效率渠道，本书采纳了 Hua（2007）的分解方法，将出口分为内资企业的出口销售比例和外资企业的出口销售比例。如果外资企业的出口销售比的系数为正，则表明源于外资企业出口带来的溢出效应要大于竞争效应；如果此系数为负值，则竞争效应居于主导地位。

二、就业汇率弹性影响因素的实证分析

（一）估计方程和方法

为了检验实际有效汇率影响就业和工资调整的以上渠道，本章在卡帕和古德伯格（Campa, Goldberg, 2001）和纳斯和普邹鲁（Nussi, Pozzolo, 2010）研究的基础上，综合考察汇率影响就业的进口竞争渠道、内资企业出口渠道以及外资企业效率渠道，将就业方程（5-8）以及工资调整方程（5-9）扩展如下，

$$L_{it} = \lambda_1 y_{it} + \lambda_2 kl_{it} + (\lambda_{3,1} dshare_{it} + \lambda_{3,2} M_{it} + \lambda_{3,3} fshare_{it}) \times REER_{it}$$
$$+ \lambda_4 makeup_{it} + \lambda_5 mprice_{it} + \lambda_6 c_t + \lambda_7 L_{it-1} + \varepsilon_{it} \quad (5-8)$$

$$w_{it} = \gamma_1 y_{it} + \gamma_2 kl_{it} + (\gamma_{3,1} dshare_{it} + \gamma_{3,2} M_{it} + \gamma_{3,3} fshare_{it}) \times REER_{it}$$
$$+ \gamma_4 makeup_{it} + \gamma_5 mprice_{it} + \gamma_6 c_t + \gamma_7 L_{it-1} + \mu_{it} \quad (5-9)$$

此外，还有另一类估计方程，没有综合考虑劳动需求和劳动供给[①]（Campa, Goldberg, 2001; Nussi, Pozzolo, 2010;），而是建立在动态劳动需求基础上，加入各种投入品的价格，尤其是劳动力的价格（Dekle, 1998）：

$$L_{it} = \lambda_1 y_{it} + \lambda_2 kl_{it} + (\lambda_{3,1} dshare_{it} + \lambda_{3,2} M_{it} + \lambda_{3,3} fshare_{it}) \times REER_{it}$$
$$+ \lambda_4 makeup_{it} + \lambda_5 mprice_{it} + \lambda_6 c_t + \lambda_7 L_{it-1} + \lambda_8 w_{it} + \varepsilon_{it}$$
$$(5-10)$$

本书也将估计式（5-10）作为一种稳健性检验。其中，y_{it} = 各行业工业总产值（in log）；kl_{it} = 各行业资本劳动比例（in log）；$dshare_{it}$ = 各行业内资企业出口销售比例；$fshare_{it}$ = 各行业外资企业

---

① 嘎布瑞欧普斯等（Gabriel Porcile et al. , 2010）考虑了劳动力流动和迁移对累积学习效应（Kaldor-Verdoorn）的影响，发现劳动力的供给弹性的主要目的是阻止实际有效汇率随着经济增长升值，从而保持本国的竞争能力。本书中，劳动力供给弹性包含在各个变量效应之中，并没有区分开来。

出口销售比例；M_{it} = 各行业进口产出比例；$REER_{it}$ = 各行业实际有效汇率（in log），是 e_t 的另一种表示方式；$makeup_{it}$ = 各行业加成比例；$mprice_{it}$ = 原材料投入价格指数；c_t = 居民消费（in log）；w_{it} = 各行业实际工资（in log）；L_{it} = 各行业就业人数。

由于模型（5-9）的等式右边包含了滞后一期的因变量，传统的 OLS 估计方法不能得到无偏和一致的估计量，阿若拉诺和布恩德（Arellano，Bond，1991）提出的一阶差分的广义矩估计（first-differenced GMM）能在一定程度上解决上述问题，但随后发现这种估计方法得到参数估计量的有限样本性质较差，估计结果会存在较大的偏误。系统广义矩估计方法，利用一阶差分因变量作为滞后因变量的工具变量对水平方程进行估计，很好地解决了一阶差分广义矩估计弱工具变量的问题，而且，二阶段广义矩估计比一阶段广义矩估计更渐进有效。为了使估计结果更加稳健，本书给出了二阶段一阶差分的广义矩估计和系统广义矩估计的结果。

（二）数据来源

1. 行业实际汇率指标的构建

为计算中国工业细分行业人民币实际有效汇率指数，本书采纳特纳等（Turner et al.，1993）双重权重以及考虑第三国市场效应的方法，[①] 选取与中国贸易往来的 N 个样本国货币，以脚标 c 表示中国，脚标 i 表示样本国 i，脚标 j 表示行业，平减指数选择消费者价格指数 CPI 以保持国际间的可比较性。

$$REER_{jc,t} = \prod_{i=1}^{N(t)} (rer_{c,t}^i)^{w_{c,t}^{i,j}}, \quad rer_{c,t}^i = \frac{e_{i,t} \times p_{c,t}}{p_{i,t}}$$

进口权重和出口权重的简化形式分别为：

---

① 第三国市场效应涉及与本国有贸易关系的所有国家的细分行业的产出以及工业总产出，鉴于各国行业标准体系的不同以及数据可得性，细分行业的实际有效汇率采纳了 BIS 的简化形势，即出口权重结构，未包括第三国市场效应，中国研究人民币实际有效汇率几乎都没有考虑第三国市场效应。

$$w_i^m = \frac{m_j^i}{m_j}, \quad w_i^x = \frac{x_j^i}{x_j}$$

行业贸易的总体权重为：

$$w_{c,t}^{i,j} = \left(\frac{m_j}{m_j + x_j}\right) w_i^m + \left(\frac{x_j}{m_j + x_j}\right) w_i^x，其中，x_j^i(m_j^i) 指国家 j 出口$$

（进口）到（从）国家 i 的价值量；$x_j(m_j)$ 是国家 j 的总出口（进口）；$p_{c,t}$ 是中国的消费者价格指数（CPI），$p_{i,t}$ 为贸易国的消费者价格指数；$e_{i,t}$ 表示人民币与样本国 i 货币的间接汇率，汇率数据和消费者价格指数数据均来自于国际货币基金组织。

与卡帕和古德伯格（Campa，Goldberg，2001）的研究结论一致，本节在估计实际有效汇率与进出口交叉项的效应时，将实际有效汇率分解为持久部分和暂时变化部分，因为模型求解的是随机性厂商的多时期利润最大化问题，与研究目的相关的各种预测都是在汇率是唯一不确定性来源以及汇率的变化遵循随机游走的假定下得出的；如果汇率是随机游走过程，那么，汇率的将来值的条件期望与现值相等，汇率的影响就是持久性的，研究才有意义。汇率波动的计算方法有很多种，取决于考察时期的长短。一类是考虑变量的标准差，反映非条件性实现的波动（Rose，2000；Cho et al.，2002；Clark et al.，2004；Tenreyro，2007）。为了体现汇率的事前不确定性，伯勒斯勒（Bollersle，1986）利用 GARCH 过程模拟汇率的条件汇率方差，此后很多研究都利用 GARCH 构建汇率波动指标（Wang，Barett，2007；Kandilov，2008）。瑞武和优里格（Rave，Ulig，1995）利用 Hodrick-Prescott，过滤掉波动部分，得到持久变化部分。我们在实证分析中考虑汇率的持久变化部分，实际汇率指标经过 Hodrick-Prescott[①] 指数平滑，过滤掉暂时变化部分。

2. 行业平均加成比例

市场能力是厂商边际收益与单位价格的比例，由于本节是行业

---

① 瑞恩和优里格（Ravn，Uhlig，2002）平滑指数等于 6.25。

数据，因此平均加成比例①是合理的指标选择，但是产出的数据采用的是各行业的工业总产出，而非工业增加值，工业增加值这一指标在 2007 年之后没有统计数据，因此估计的加成比例会比实际值偏大，在全样本估计中会有偏差。由于所有的行业都偏大，所以，对于样本按照加成比例高低的分类对样本估计结果不会有太大的影响。

假设企业的生产函数是 S 齐次的，劳动和资本投入分别用 L、K 表示，价格分别为 w 和 r，投入 X 的产出弹性 $\alpha_X = \dfrac{\partial F}{\partial X}\dfrac{X}{F}$，投入 X 的收入份额 $\theta_X = \dfrac{wX}{pY}$，企业最小化生产成本：

$$minC = wL + rK$$
$$s.\,t.\ Y = AF(L,\ K)$$
$$\Rightarrow \zeta = wL + rK - \lambda(AF(L,\ K) - Y) \qquad (5-11)$$
$$F.\,O.\,C.\,:\ w = \lambda A\frac{\partial F}{\partial L}$$

根据包络定理，生产的边际成本 $m = \dfrac{\partial C}{\partial Y} = \lambda$，因此加成比例 μ

$$\frac{w}{mA} = \frac{\partial F}{\partial L} \Rightarrow \alpha_L = \frac{wL}{mY} = \mu\theta_L,\ 同理\ \alpha_K = \mu\theta_K,\ 所以\ \mu = \frac{\theta_L}{\alpha_L} = \frac{\theta_K}{\alpha_K}$$
$$(5-12)$$

此后，运用周申（2006）测算细分行业全要素生产率的方法，得到劳动投入的产出弹性，然后，根据加成比例 μ 的公式，计算得到行业平均加成比例。

3. 行业部门分类的统一及进出口数据来源

行业分类标准向部门分类标准的转化，《中国统计年鉴》从

---

① 行业平均加成比例方法中，柔格（Roeger，1995）认为，在规模收益不变和各种投入的全部有效利用的假定下，primal 和 dual-based 全要素生产率的差别是加成比例的唯一函数。侯鲁克（Hiau Looi Kee，2002）在估计二者的差别时修正了投入的内生性和选择的偏差性，本书的加成比例指标就是采用这一方法。

1994 年开始使用的 39 个中国工业行业分类（CICC），提供了统一的工业行业的经济特征和效益指标，但是工业增加值指标在 2007 年之后不再提供，仅列出工业总产值指标。自 1998 年开始，《中国统计年鉴》的"全部国有及规模以上非国有工业企业主要指标"部分取消了其他矿采选业、木材加工以及其他制造业行业指标，因为煤气生产和供应业的进出口最高额小于 20 万美元，自来水生产和供应，机械设备修理业和废品及废料都属于非贸易部门，并且海关分类标准向部门分类标准转化的过程中，将食品加工业和制造业合并在一起，没有区分，为了和进出口数据保持一致，本书使用如下 33 个行业的数据对汇率与就业的关系进行研究，见表 5 - 2。

表 5 - 2　　　　　　　　　细分行业分类

行业编号	行业名称	行业编号	行业名称
1	煤炭采选业	18	化学原料及化学制品制造业
2	石油和天然气开采业	19	医药制造业
3	黑色金属矿采选业	20	化学纤维制造业
4	有色金属矿采选业	21	橡胶制品业
5	非金属矿采选业	22	塑料制品业
6	食品加工业和制造业	23	非金属矿物制品业
7	饮料制造业	24	黑色金属冶炼及压延加工业
8	烟草加工业	25	有色金属冶炼及压延加工业
9	纺织业	26	金属制品业
10	服装及其他纤维制品制造业	27	普通机械制造业
11	皮革毛皮羽绒及其制品业	28	专用设备制造业
12	木材加工及竹藤棕草制品业	29	交通运输设备制造业
13	家具制造业	30	电气机械及器材建造业
14	造纸及纸制品业	31	电子及通信设备制造业
15	印刷业记录媒介的复制	32	仪器仪表及文化办公用机械
16	文教体育用品制造业	33	电力、蒸汽、热水的生产和供应业
17	石油加工及炼焦业		

海关分类标准向部门分类标准的转化，中国海关对商品进出口额的统计以商品为基础，进出口商品归类标准与行业分类、部门分类标准并不一致。自 1992 年 1 月 1 日起，中国海关开始选择国际统一的 HS 商品名称和编码协调系统对进出口商品统计分类，税则目录包括 21 大部类，97 章，1241 个四位数子目，6350 个八位子目，不包括具体的行业归类。本书按照 BACI 数据库中 1999 ~ 2009年的商品进出口量值，利用盛斌在《中国对外贸易政策的政治经济分析》（2002 年）中的 HS - 工业行业转换表转换成 34 个行业的行业进出口量值，选择 33 个行业进行研究。

4. 其他变量和指标

各行业就业 L_{it} 是细分行业规模以上企业的就业人数，数据来源于相应年份的《中国工业经济统计年鉴》；各细分行业的工业总产值 y_{it} 经过 1998 年为基期的工业出厂价格指数平减；各行业工资 w_{it} 来自相应年份的《中国劳动统计年鉴》，经过 1998 年为基期的居民消费价格指数平减；内资企业的出口销售比例 $dshare_{it}$，指内资企业出口销售值与全部销售值的比例，内资企业的出口销售值用全部规模以上企业的出口指标减去外资企业的出口指标可得；外资企业的出口销售比例 $fshare_{it}$，指外资企业出口销售值与全部销售值的比例，数据均来源于相应年份的《中国工业经济统计年鉴》；企业的 kl_{it} 是资本劳动比例，资本指标采用固定资产净值，经过 1998 年为基期的固定资产价格指数平减；原材料投入价格指数 $mprice_{it}$ 和居民消费 c_t 数据均来自《中国统计年鉴》。

（三）数据的描述性统计

表 5 - 3、表 5 - 4 给出了所有解释变量的描述性统计和 Spearman 相关系数矩阵。从表 5 - 4 中可以看出，本书所选取解释变量除去原材料价格和居民消费量指标相关系数较大外，其他变量之间不存在严重的线性相关关系，见表 5 - 3、表 5 - 4。

表 5 - 3 变量的统计性描述

Variable	Obs	Mean	Std. Dev.	Min	Max
L	396	14. 138	0. 884	12. 134	15. 728
w	396	9. 468	0. 461	8. 445	10. 933
REER	391	0. 018	1. 047	- 5. 102	3. 312
markup	396	18. 012	7. 422	3. 596	45. 264
kl	396	10. 993	1. 560	5. 436	14. 028
y	396	26. 552	1. 172	23. 401	29. 638
c	396	29. 742	0. 313	29. 257	30. 255
mprice	396	4. 753	0. 158	4. 572	5. 032
M	396	0. 225	0. 410	0. 000	3. 859
X	396	0. 301	0. 409	0. 000	2. 364

表 5 - 4 变量间的 Spearman 相关系数分析

	L	w	REER	markup	kl	y	c	mprice	M	X
L	1. 000									
w	0. 014	1. 000								
REER	- 0. 175	0. 219	1. 000							
markup	0. 032	0. 375	- 0. 057	1. 000						
kl	- 0. 022	0. 568	0. 156	0. 330	1. 000					
y	0. 773	0. 515	- 0. 055	0. 552	0. 318	1. 000				
c	0. 169	0. 778	0. 325	0. 285	0. 427	0. 529	1. 000			
mprice	0. 187	0. 731	0. 265	0. 272	0. 382	0. 519	0. 947	1. 000		
M	- 0. 234	0. 224	0. 431	- 0. 284	0. 120	- 0. 220	0. 082	0. 086	1. 000	
X	- 0. 067	- 0. 197	- 0. 026	- 0. 116	- 0. 273	- 0. 151	- 0. 106	- 0. 100	0. 141	1. 000

（四）主要估计结果

我们利用 1998～2009 年 33 个工业行业的总样本估计实际有效汇率冲击以及国际贸易与工业行业就业、工资和就业流动的关系。另外，为了检验行业特征对汇率传播途径的影响，我们将根据行业特征分成不同的子样本来考察行业特征导致的不同影响。

1. 就业、国际贸易、加成比例以及汇率计量结果分析

表5-5列出了就业针对实际有效汇率的弹性的决定因素和传播渠道的估计结果。

表5-5　　　　　　　　就业调整的影响因素估计

	all	all	all	Mark up		exposure	
				high	low	high	low
L_{t-1}	0.970 *** (0.009)	0.562 *** (0.008)	0.882 *** (0.019)	0.981 *** (0.027)	0.840 *** (0.046)	0.883 *** (0.283)	0.526 *** (0.027)
Fsh * REER	0.572 *** (0.197)		0.818 *** (0.115)	1.014 *** (0.394)	0.223 (0.206)	-0.306 (0.767)	0.091 (0.149)
Dsh * REER	1.443 *** (0.289)		0.890 *** (0.257)	-1.143 *** (0.460)	1.567 *** (0.743)	2.623 (2.564)	-0.107 (0.194)
M * REER	-0.006 *** (0.003)	0.022 *** (0.002)	-0.020 *** (0.005)	0.807 *** (0.135)	-0.013 * (0.008)	-0.010 (0.039)	0.014 (0.067)
X * REER		0.115 *** (0.015)					
kl	-0.010 *** (0.001)	-0.007 *** (0.001)	-0.012 *** (0.001)	-0.013 *** (0.002)	-0.013 *** (0.003)	-0.020 *** (0.007)	-0.002 *** (0.001)
y	0.035 *** (0.007)	0.123 *** (0.012)	0.118 *** (0.017)	0.009 ** (0.023)	0.179 *** (0.036)	0.104 (0.253)	0.402 *** (0.029)
c	-0.005 (0.004)	-0.137 *** (0.026)	-0.025 *** (0.005)	-0.012 * (0.008)	-0.041 *** (0.011)	0.015 (0.086)	-0.535 *** (0.043)
mprice	-0.045 ** (0.023)	0.373 *** (0.015)	-0.091 *** (0.030)	0.137 *** (0.043)	-0.163 *** (0.043)	-0.266 ** (0.153)	0.265 *** (0.017)
markup			-0.008 *** (0.001)	-0.004 *** (0.002)	-0.020 *** (0.004)	-0.002 (0.021)	-0.019 *** (0.001)
sargan	0.188	0.993	0.211	0.941	0.884	0.993	1.000
abond	0.249	0.234	0.249	0.955	0.243	0.334	0.816
observation	362	329	362	177	185	116	225

注：结果由stata 11统计软件计算得到，括号内的数值为相应变量的标准差，*、**、***分别表示在15%、10%和5%的水平下通过显著性检验。

表 5-5 中所有被解释变量都是就业人数，第（1）列、第（2）列解释变量没有包括加成比例项，而且，第（2）列中出口和实际有效汇率的交叉项没有将出口分解成内资企业和外资企业，即综合考察汇率影响就业的效率渠道和出口竞争渠道。外资企业出口与实际有效汇率交叉项（Fsh * REER）的系数考察的是汇率变化通过效率渠道对就业的影响，结果显示在 1% 的显著水平，10% 的汇率贬值，带来 5.72% 乘以外资企业出口比重的就业增长；内资企业出口比例与汇率的交叉项（Dsh * REER）系数显示在 1% 显著水平下，10%的汇率贬值通过出口渠道增加 14.3% 倍内资企业出口比重的就业增长，企业的出口定位确实促进了劳动力的有效利用；进口竞争渠道（M * REER）的影响在 1% 的显著水平上为 -0.006 与进口比重的乘积，相比出口和效率渠道比较小。第（2）列结果与第（1）列结果不同的是，出口竞争与效率渠道的综合效应相对很小，而进口效应显示为正，可能是进口竞争的同时带来的技术溢出等促进了就业增长。

其他变量的符号符合模型的经济意义，被解释变量的滞后项的系数显著为正，说明了调整过程的持久可能性；资本劳动比例影响系数显著为 -0.01 左右，替代效应明显；10% 产出增长带来0.35% 左右的就业增长；原材料价格上升对就业影响方向不定，负值表明和劳动力的互补关系，正值则是替代关系。

就业对汇率的波动效应不仅受到企业成本和收益的外向程度的影响，还会因为较低的市场定价能力扩大化。行业不同的特征，对汇率波动的反应不同。第（3）列、第（4）列、第（5）列加入行业平均加成比例指标，第（3）列是全样本估计结果，汇率影响就业的出口、技术以及进口竞争渠道系数的符号和数值符合预期，行业平均加成比例的系数显著为负值。第（4）列和第（5）列估计样本分别是高于和低于平均行业加成比例的子样本，与纳斯和普邹鲁（Nussi, Pozzolo, 2010）的结果一致，较低加成比例的行业，汇率波动对就业的影响越大，即就业的汇率弹性越高，因为占主导地位的内资企业出口比例和汇率交叉项的系数 1.567 远远大于高加成比例样本的系数 -1.143，即低加成比例行业的就业汇率弹性大于高加成比例行业的就业汇率弹性。

进出口的定位是行业的另一重要特征，通过成本和收益等不同的渠道影响就业对汇率波动的反应。本书通过进出口与实际有效汇率的交叉项估计了汇率对就业的平均影响效应，纳斯和普邹鲁（Nussi，Pozzolo，2010）认为，汇率的影响会随着出口程度的扩大而提高，随着进口投入的提高而降低。第（6）列、第（7）列根据外贸依存度将行业划分为高低两个子样本，估计结果显示占主导地位的内资企业出口比例和汇率交叉项的系数 2.623 远远大于低贸易依存度样本的系数 -0.107。由此可知，高贸易依存度行业的就业汇率弹性，大于低贸易依存度行业的就业汇率弹性。

2. 工资、国际贸易、加成比例以及汇率计量结果分析

表 5 - 6 中的所有被解释变量是各行业的实际工资，第（1）列中出口和实际有效汇率的交叉项没有将出口分解为内资企业和外资企业，即综合考察汇率影响工资的效率渠道和出口竞争渠道。估计结果显示，汇率影响工资的进口渠道为正，进口的溢出效应超过竞争效应，提高了工资收入；与就业调整不同的是，出口增长并没有带来工资上升，产出的增长是工资提高的最重要原因，影响程度大约为 0.705。由于 sargan 检验值较小为 0.216，仅作为参考。第（2）列是固定效应估计结果，10% 的汇率贬值通过效率渠道对工资的影响为 -1.63% 乘以外资企业出口比例，外资企业出口竞争效应占主导地位；影响工资汇率弹性的主要渠道、内资企业的出口渠道与模型预测一致，10% 的汇率贬值带来 0.1% 乘以内资企业出口比例的工资增长；工资汇率弹性的另一渠道——进口渠道表明，贬值推动工资的增长。

表 5 - 6　　　　　　　　工资调整的决定因素估计

	all	all	mark up		exposure	
			high	low	high	low
L_{t-1}	- 0.691 *** (0.017)	- 0.418 *** (0.020)	- 0.538 *** (0.029)	- 0.416 *** (0.028)	- 0.749 *** (0.150)	- 0.781 *** (0.019)
Fsh * REER		- 0.163 *** (0.069)	0.004 (0.119)	- 0.400 *** (0.092)	- 0.504 (1.039)	0.781 *** (0.332)
Dsh * REER		0.010 (0.134)	- 0.123 (0.152)	0.474 ** (0.212)	- 0.698 (2.541)	- 3.479 *** (0.558)
M * REER	0.097 *** (0.005)	0.008 *** (0.004)	- 0.147 *** (0.043)	- 0.004 (0.004)	0.094 *** (0.027)	0.209 ** (0.123)
X * REER	- 0.491 *** (0.030)					
kl	0.030 *** (0.001)	- 0.003 *** (0.002)	- 0.003 (0.003)	0.003 *** (0.003)	0.021 *** (0.006)	0.022 *** (0.003)
y	0.705 *** (0.010)	0.426 *** (0.022)	0.484 *** (0.036)	0.465 *** (0.032)	0.770 *** (0.131)	0.760 *** (0.011)
c	- 0.050 *** (0.004)	0.710 *** (0.046)	0.695 *** (0.059)	0.659 *** (0.066)	- 0.075 ** (0.041)	- 0.038 *** (0.008)
mprice	0.483 *** (0.027)	- 0.200 *** (0.058)	- 0.318 *** (0.062)	- 0.130 * (0.085)	0.452 *** (0.159)	0.417 *** (0.049)
markup	- 0.036 *** (0.002)	- 0.020 *** (0.001)	- 0.018 *** (0.002)	- 0.036 *** (0.003)	- 0.033 *** (0.013)	- 0.041 *** (0.002)
sargan	0.216		1.000		0.997	0.649
abond	0.913				0.502	0.425
obs	362	362	177	185	116	246

　　注：结果由 stata 11 统计软件计算得到，括号内的数值为相应变量的标准差，＊、＊＊、＊＊＊分别表示在15%、10%和5%的水平下通过显著性检验。

　　其他变量的符号符合模型的经济意义，资本劳动比例影响系数显著为 - 0.001 左右，替代效应明显；10%产出增长带来4.26%左右的工资增长；原材料价格上升降低了工资水平，表明和劳动力的互补关系。

同就业一样，汇率波动对工资调整的效应不仅受到企业成本和收益的外向程度的影响，还会因为较低的市场定价能力扩大化。可以看到，所有行业平均加成比例的系数显著为负值，与卡帕和古德伯格（Campa，Goldberg，2001）的分析一致，工资和就业对汇率波动的反应方向是一致的。第（3）列和第（4）列估计样本分别是高于平均行业加成比例和低于平均行业加成比例的子样本，估计方法是面板固定效应，与卡帕和古德伯格（Campa，Goldberg，2001）以及纳斯和普邹鲁（Nussi，Pozzolo，2010）的结果一致，加成比例越低的行业，汇率波动对工资的影响越大，即工资的汇率弹性越高，因为占主导地位的内资企业出口比例和汇率交叉项的系数 0.474 远远大于高加成比例样本的相应系数 −0.123，即低加成比例行业的工资汇率弹性大于高加成比例行业的工资汇率弹性。第（6）列、第（7）列根据外贸依存度将行业划分为高低两个子样本，估计结果显示占主导地位的内资企业出口比例和汇率交叉项的系数不显著，但高贸易依存度样本的系数 −0.698 远远大于低贸易依存度样本的系数 −3.479。

3. 不同行业特征分类样本估计

由于实际有效汇率通过相对价格、需求弹性等因素产生的影响与行业特征密切相关，本书进一步根据行业要素密集度和全要素生产率进行分类，探索行业特征对实际有效汇率传播途径的影响。

行业要素密集度构成的分类标准依据周申（2006）的分类，将33 个工业行业分为资源密集型部门（1）、劳动密集型部门（2）和资本密集型部门（3）。① 先依据传统的分类，将煤炭采选业、石油和天然气开采业、金属矿采选业、非金属矿采选业 4 个行业视为资源密集型部门。劳动密集型部门和资本密集型部门的划分标准，研究采取了与周申（2006）同样的方法，利用各部门在 2002 年的总

---

① 具体的分类详见周申（2006）。

资产和行业就业人数数据，计算人均资本量，见表5-7。

表5-7　　　　　　　　　　　　行业特征分类

行业分类	行业名称	行业分类	行业名称
1	煤炭采选业	3	石油加工及炼焦业
1	石油和天然气开采业	3	化学原料及化学制品制造业
1	黑色金属矿采选业	3	医药制造业
1	有色金属矿采选业	3	化学纤维制造业
1	非金属矿采选业	3	橡胶制品业
3	食品加工业和制造业	3	塑料制品业
3	饮料制造业	2	非金属矿物制品业
3	烟草加工业	3	黑色金属冶炼及压延加工业
2	纺织业	3	有色金属冶炼及压延加工业
2	服装及其他纤维制品制造业	2	金属制品业
2	皮革毛皮羽绒及其制品业	2	普通机械制造业
2	木材加工及竹藤棕草制品业	2	专用设备制造业
2	家具制造业	3	交通运输设备制造业
2	造纸及纸制品业	3	电气机械及器材制造业
2	印刷业记录媒介的复制	3	电子及通信设备制造业
2	文教体育用品制造业	2	仪器仪表及文化办公用机械
		3	电力、蒸汽、热水的生产和供应业

全要素生产率影响实际有效汇率传播途径的经验文献有伯们和迈耶（Berman，Mayer，2012），他们认为生产率的提高会降低劳动需求对汇率弹性的影响。本书将总样本分成低于平均全要素生产率和高于平均全要素生产率[①]两个子样本来检验这一关系，见表5-8。

---

① 全要素生产率的测算采用索洛余值法，具体结果可向作者索要。

表 5 - 8　　　　不同行业特征回归结果中关键变量的影响程度（就业变量）

	要素密集程度			tfp	
	资源密集型	劳动密集型	资本密集型	high	low
L_{t-1}	0.735 *** （0.073）	0.819 *** （0.049）	0.993 *** （0.027）	0.884 *** （0.019）	0.928 *** （0.031）
Fsh * REER	4.848 *** （1.681）	0.319 （0.437）	-0.486 （0.679）	1.225 *** （0.161）	0.672 *** （0.334）
Dsh * REER	0.293 （0.852）	-0.322 （0.817）	0.482 （0.922）	0.162 （0.297）	0.300 （0.634）
M * REER	-0.036 *** （0.013）	0.440 ** （0.243）	0.746 *** （0.214）	0.025 *** （0.008）	-0.008 （0.006）
sargan	0.175	0.990	0.997	0.646	0.611
abond	0.735	0.865	0.769	0.827	0.263
observation	54	143	165	183	179

注：结果由 stata 11 统计软件计算得到，括号内的数值为相应变量的标准差，＊、＊＊、＊＊＊分别表示在15%、10%和5%的水平下通过显著性检验。

由表 5 - 8 可以看到，在资源密集型行业和劳动密集型行业，汇率变化通过效率渠道对就业的影响为正。在 5% 的显著水平下，1% 的汇率贬值，带来 4.85% 倍的外资企业出口比重的就业增长，效率渠道在劳动密集型行业不显著。内资企业出口比例与汇率交叉项的系数在资源密集型行业、劳动密集型行业以及资本密集型行业分别为 0.293、- 0.322 以及 0.482，虽然不显著，但是数值在一定程度上说明了劳动密集型行业受到汇率波动冲击的程度比较小。实际有效汇率的进口竞争渠道效应在资源密集型行业为 5% 的显著水平下，0.036 倍进口比重的就业萎缩，说明替代效应占主导；在劳动密集型行业为 10% 的显著水平下，0.44 倍进口比重的就业增长；在资本密集型行业为 5% 的显著水平下，0.746 倍进口比重的就业增长。原因可能是，进口竞争的同时带来的技术溢出等促进了就业增长。综合考察汇率影响就业的不同渠道发现，汇率冲击对资本密集型行业就业冲击最大，资源密集型行业次之，劳动密集型行业最小。全要素生产率特征样本估计结果显示，占主导地位的内资企业出口比例与汇率交叉项的系数在高生产率行业为 0.162，在低生产率行业为 0.300。虽然不显著，但是一定程度上说明生产率提高会降低劳动需求对汇率的弹性与文献伯们和迈耶（Berman，Mayer，2012）的观点一致。

表 5-9 可以看到，行业特征影响工资对实际有效汇率的反应。占主导地位的内资企业出口比例与汇率交叉项的系数在不同要素密集度行业有所不同，工资对汇率波动的反应在资本密集型行业最大，在资源密集型行业次之，在劳动密集型行业最小；在高全要素生产率行业，小于低全要素生产率行业，大体上与就业对汇率波动的反应类似。

表 5-9 不同行业特征回归结果中关键变量的影响程度（工资变量）

	要素密集程度			tfp	
	资源密集型	劳动密集型	资本密集型	high	low
L_{t-1}	-0.271 *** (0.055)	-0.333 *** (0.028)	-0.542 *** (0.026)	-0.440 *** (0.023)	-0.560 *** (0.035)
Fsh * REER	-2.302 *** (0.748)	-0.086 * (0.058)	0.038 (0.118)	-0.185 *** (0.082)	-0.308 *** (0.103)
Dsh * REER	0.690 *** (0.427)	-0.080 (0.112)	-1.034 *** (0.206)	-0.050 (0.117)	0.273 (0.249)
M * REER	-0.019 *** (0.006)	0.092 *** (0.037)	-0.151 *** (0.054)	-0.008 (0.007)	0.174 *** (0.006)
hausman	1.000	1.000	1.000	1.000	1.000
observation	54	143	165	183	179

注：结果由 stata 11 统计软件计算得到，括号内的数值为相应变量的标准差，* 、** 、*** 分别表示在 15%、10% 和 5% 的水平下通过显著性检验。

4. 就业流动、国际贸易、加成比例以及汇率计量结果分析

虽然本书主要探索就业与汇率及其他各种因素的关系，但是研

究汇率与就业再配置的文献也很多，克莱恩等（Klein et al.，2003）证实实际汇率的趋势对就业创造（破坏）有显著的影响，他们随着汇率的升值上升（下降）。本节简要分析汇率及其他因素对行业就业再配置的影响，M^+ 是 ΔL_{pit} 大于零的行业集，M^- 是 ΔL_{pit} 小于零的行业集。

就业创造指标：
$$cc_{it} = \frac{\sum_{p \in M^+} \Delta L_{pit}}{0.5 \times (L_{it} + L_{it-1})} \qquad (5-13)$$

就业破坏率：
$$dd_{it} = \frac{\sum_{p \in M^-} |\Delta L_{pit}|}{0.5 \times (L_{it} + L_{it-1})} \qquad (5-14)$$

就业再配置率：
$$R_{it} = cc_{it} + dd_{it} \qquad (5-15)$$

表 5-10 列出了就业再分配、就业创造以及破坏与实际有效汇率及其他因素的计量结果。

表 5-10　　　　就业再分配与实际有效汇率

	R_{it}	cc_{it}	dd_{it}
L_{t-1}	0.027 *** (0.008)	-0.002 (0.002)	0.039 *** (0.005)
Fsh * REER	0.157 (0.120)	0.140 *** (0.024)	0.068 *** (0.019)
Dsh * REER	-0.069 (0.177)	0.186 *** (0.057)	-0.314 *** (0.044)
M * REER	0.018 *** (0.002)	0.045 *** (0.003)	-0.009 *** (0.000)
kl	0.005 *** (0.001)	0.007 *** (0.001)	-0.003 *** (0.001)
y	0.175 *** (0.031)	0.171 *** (0.019)	-0.032 *** (0.005)
c	-0.446 *** (0.060)	-0.436 *** (0.036)	0.051 *** (0.010)

	R_{it}	cc_{it}	dd_{it}
mprice	0.217 *** (0.028)	0.229 *** (0.010)	-0.002 (0.006)
markup	-0.007 *** (0.001)	-0.006 *** (0.001)	0.000 (0.000)
sargan	0.999	0.998	0.998
abond	0.553	0.420	0.270
observation	329	329	329

注：结果由 stata 11 统计软件计算得到，括号内的数值为相应变量的标准差，* 、** 、*** 分别表示在15%、10%和5%的水平下通过显著性检验。

表 5 - 10 中第（1）列被解释变量是就业再分配率 R_{it}，内外资企业出口和实际有效汇率的交叉项的效应不明显，实际有效汇率通过进口渠道对就业再分配影响显著为正，10%的贬值带来0.18%倍进口渗透率的就业再分配。原材料的价格对就业再分配的影响为1%显著水平下0.217。行业平均加成比例指标与就业和工资的结果一致，1%显著水平下的 -0.007。

第（2）列被解释变量是就业创造 cc_{it}，10%的汇率贬值通过效率渠道对就业创造的影响为1.4%与外资企业出口比之积，外资企业出口带来了就业增长；影响就业创造汇率弹性的主要渠道——内资企业的出口渠道与模型预测一致，10%的汇率贬值带来1.86%与内资企业出口之积的新岗位；就业创造汇率弹性的进口渠道表明，贬值推动了新岗位的生成。行业平均加成比例指标对就业和工资的影响与先前结果一致，1%显著水平下的 -0.006。原材料的价格对就业创造的影响为1%显著水平下的0.229。

第（3）列被解释变量是就业破坏 dd_{it}，10%的汇率贬值通过效率渠道对就业破坏的影响为0.068%与外资出口比之积，外资企业出口带来了就业增长；影响就业破坏汇率弹性的主要渠道，内资企业的出口渠道与纳斯和普邹鲁（Nussi, Pozzolo, 2010）的估计结果一致，10% 的汇率贬值降低 3.14% 与内资企业出口之积的就业破坏；就业破坏汇率弹性的进口渠道表明，贬值降低了就业破坏率。行业平均加成比例和原材料价格的系数不显著。

三、就业和工资的汇率弹性与工人类型的稳健性检验

德克勒（Dekle，1998）估计动态劳动力需求的影响因素时，将工资加入估计方程（5 - 8）得出式（5 - 10），暗含的假定是劳动力供给的完全弹性，表 5 - 11 估计这一方程作为稳健性检验。第（3）列被解释变量是就业，工资的估计系数为 1% 显著水平下的 -0.543，符合工资越高，劳动需求越少的经济意义；实际有效汇率通过外资企业出口效率渠道的影响为 1% 显著水平下的 0.457；占主导地位的内资企业出口渠道影响系数为 0.287；进口渠道影响方向以及行业平均加成比例的系数与表 5 - 10 的主要结论一致。由于 sargan 检验系数 0.294 较小，此结果仅为对比和参考。

第（2）列被解释变量是实际工资，解释变量加入实际工资的滞后项，运用二阶段广义差分矩估计，AR(2) 值仅为 0.025，存在二阶自相关，其他变量估计结果相似。

为了进一步详细估计实际有效汇率通过进口对就业的影响，借鉴纳斯和普邹鲁（Nussi，Pozzolo，2010）方法，加入实际有效汇率、内资企业国外销售比例、进口渗透率以及每一个行业的虚拟变量 4 项交叉项，D_j 是行业虚拟变量，

$$\sum_{j=1}^{K} \left[\text{dshare} \times M \times \text{REER} \times D_j \right] \qquad (5-16)$$

由于汇率贬值对就业的作用与进口渗透率高的企业相关（Nussi，Pozzolo，2010），所以，预测每个行业的相应估计系数不同。结果如第（1）列所示，主要变量的方向和数值与表 5 - 5 的结果相似，因篇幅限制并未列出交叉项的各个系数，Wald 检验值为 34.85（p-value：0.0065），说明各行业的影响系数并不相同，见表 5 - 11。

表 5 - 11　　　　就业和工资调整的决定因素稳健性检验

	all	all	all	elasticity	elasticity	elasticity
$W_{(t-1)}$		0.679 *** (0.042)	- 0.543 *** (0.033)			
$L_{(t-1)}$	0.380 *** (0.065)	- 0.120 *** (0.018)	0.489 *** (0.039)			
Fsh * REER	0.212 (0.823)	- 0.079 *** (0.029)	0.457 *** (0.162)			
Dsh * REER	1.690 (2.023)	0.086 ** (0.053)	0.287 (0.285)			
M * REER	0.025 *** (0.009)	0.006 *** (0.001)	0.024 *** (0.003)			
kl	- 0.004 (0.004)	- 0.001 (0.001)	0.001 (0.001)	0.000 *** (0.000)	0.000 *** (0.000)	0.000 *** (0.000)
unskill				- 0.330 *** (0.181)	- 0.286 * (0.198)	0.235 *** (0.039)
markup	- 0.027 *** (0.004)	- 0.009 *** (0.001)	- 0.028 *** (0.002)	- 0.002 *** (0.001)	- 0.004 *** (0.001)	0.000 ** (0.000)
sargan	1.000	1.000	0.294	0.962	0.289	0.065
abond	0.007	0.025	0.297			
observ	329	329	362	363	363	363

注：结果由 stata 11 统计软件计算得到，括号内的数值为相应变量的标准差，＊、＊＊、＊＊＊分别表示在 15%、10% 和 5% 的水平下通过显著性检验。后 3 列的资本劳动比例指标不同于前 3 列，没有取自然对数形式。

　　就业汇率弹性、工资汇率弹性与就业再配置率汇率弹性随着时间一直变化，且似乎与行业本身的性质高度相关。表 5 - 11 的第（4）列、第（5）列、第（6）列估计了就业汇率弹性、工资汇率弹性与就业再配置率汇率弹性与 3 种不同的行业特征的相关关系：平均行业加成比例、非熟练劳动者比例①以及行业的资本劳动比例。

---

　　①　总之，实际有效汇率与就业、工资以及就业再配置率的关系，取决于行业本身的对外贸易、劳动力结构以及市场能力等特征，因此，汇率波动对不同的行业有不同的影响。本书认为，科技活动人员为熟练劳动力，非熟练劳动用全部就业人数减去科技活动人员人数得到。由于全部规模以上企业该指标从 2004 年开始统计，为了保证数据的统一完整性，用大中型企业的相应指标代替，数据来源于相应年份的《中国工业经济统计年鉴》。

第（4）列被解释变量是就业汇率弹性，由表5－5中的第（2）列计算得出，可以看出非熟练劳动力比例高和平均加成比例高的行业就业弹性较低，资本劳动比例影响非常小，忽略不计；第（5）列被解释变量是工资汇率弹性，由表5－11第（2）列计算出，与就业弹性一致，可以看出非熟练劳动力比例高和平均加成比例高的行业工资弹性较低；第（6）列被解释变量是就业再配置率，由表5－10第（1）列得出，非熟练劳动力比例高的行业就业岗位弹性较高，其他因素忽略不计。原因可能是，劳动力的熟练程度可能导致劳动力市场上不同的调整过程（Campa，Goldberg，2001）。

第四节　劳动力市场存在调整成本时，汇率、劳动力市场制度以及就业的实证分析

关于劳动力市场刚性影响就业汇率弹性的理论线索，源于梅利兹（Melitz，2003）的贸易模型，他构造了贸易与劳动力市场搜寻成本的一般均衡模型，并提供了劳动力市场刚性、开放以及不同的劳动生产率水平对就业汇率弹性影响的实证经验。伯们和迈耶（Berman，Mayer，2012）从出口企业在出口目的国存在额外的分配成本这一角度继续拓展梅利兹（Melitz，2003）模型，发现就业的汇率弹性受到分配成本的影响，劳动生产率和竞争力影响就业针对汇率冲击的调整过程，分配成本越高，就业汇率的弹性越低。佛纳德等（Fernando et al.，2010）发现，OECD国家的行业劳动力市场灵活性是影响就业汇率弹性的重要因素，灵活程度越低，就业波动就更平缓。研究中国汇率和就业关系的Hua（2007）和Ruo Chen（2010）虽然分别具体分析了汇率的传播渠道和非贸易部门的就业调整过程，但是都没有考虑劳动力市场的调整成本。

在实证方面，劳动力市场调整成本的常用代理指标是就业保护立法（EPL），斯加诺等（Cingano et al.，2009）曾证明，就业保

护立法与劳动力市场调整成本相关，它是劳动力市场刚性的反应。因此，灵活性指标与就业保护立法（EPL）理应是负向关系，佛纳德等（Fernando et al.，2010）构造的行业劳动力市场灵活性指标与（EPL）相关性为 −0.83，说明其作为劳动力市场调整成本的代理变量的合理性。

一、劳动力市场调整成本对就业汇率弹性影响的实证分析

（一）计量方程的设定和数据描述

为了检验在实际有效汇率冲击下，劳动力市场调整成本、经济开放程度、生产率以及汇率持久性对就业的影响，本节在第四章理论模型基础上依据模型的结论设定如下计量方程：

$$L_{it} = \lambda_1 y_{it} + \lambda_2 kl_{it} + (\lambda_{3,1} + \lambda_{3,2} X_{it} + \lambda_{3,3} M_{it}) \times REER_{it} + \lambda_{4,1} flexibility_{it}$$
$$+ \lambda_{4,2} flexibility_{it} \times REER_{it} + \lambda_5 mprice_{it} + \lambda_6 c_t + \lambda_7 L_{it-1} + \mu_{it}$$

$$(5-17)$$

其中，y_{it} = 各行业工业总产值（in log）；kl_{it} = 各行业资本劳动比例（in log）；X_{it} = 各行业出口产出比例；M_{it} = 各行业进口产出比例；$REER_{it}$ = 各行业实际有效汇率（in log）；$flexibility_{it}$ 指各行业劳动市场灵活指标；$mprice_{it}$ = 原材料投入价格指数；c_t = 居民消费（in log）；L_{it} = 各行业就业人数（in log）。

由于模型（5-9）的等式右边包含了滞后一期的因变量，传统的 OLS 估计方法不能得到无偏和一致的估计量。阿若拉诺和布恩德（Arellano，Bond，1991）提出的一阶差分的广义矩估计（First-differenced GMM）能在一定程度上解决上述问题，但随后发现这种估计方法得到参数估计量的有限样本性质较差，估计结果会存在较大的偏误。二阶段广义矩估计比一阶段广义矩估计更渐近有效。为了使估计结果更加稳健，本书给出了二阶段一阶差分的广义矩估计和系统广义矩估计的结果。

各行业就业 L_{it} 是细分行业规模以上企业的就业人数，数据来源于 1999~2010 年的《中国工业经济统计年鉴》；企业的 kl_{it} 是资本劳动比例，资本指标采用固定资产净值，经过 1998 年为基期的固定资产价格指数平减；各细分行业的工业总产值 y_{it} 经过 1998 年为基期的工业出厂价格指数平减；原材料投入价格指数 $mprice_{it}$ 和居民消费 c_t 数据均来自于《中国统计年鉴》。

行业实际有效汇率 $REER_{it}$ 利用 BIS 双权重框架构建和测算，其中，各行业的出口数据和进口数据来源于中国海关。

(二) 数据的描述性统计

表 5-12、表 5-13 给出了所有解释变量的描述性统计和 Spearman 相关系数矩阵。从表 5-12 中看到，实际有效汇率的指标存在 5 个缺失值，劳动力市场灵活性指标波动幅度不大，实际有效汇率指标出现负值的原因是经过 Hodrick-Prescott[①] 指数平滑，过滤掉暂时变化部分。从表 5-13 中可以看出，本书所选取解释变量除去原材料价格和居民消费量指标相关系数较大外，其他变量之间不存在严重的线性相关关系。

表 5-12　　　　　　　　　变量的描述性统计

Variable	Obs	Mean	Std. Dev.	Min	Max
L	396	14. 1379	0. 884419	12. 13404	15. 72847
flexibility	396	1. 261885	0. 052387	1. 110109	1. 37617
REER	391	0. 017537	1. 046615	−5. 1018	3. 312201
X	396	0. 300745	0. 408667	0. 000267	2. 364016
M	396	0. 225464	0. 410123	0. 000442	3. 858941
kl	396	10. 99264	1. 560275	5. 43614	14. 02759

---

① 瑞恩和优里格 (Ravn, Uhlig, 2002) 平滑指数等于 6.25。

续表

Variable	Obs	Mean	Std. Dev.	Min	Max
y	396	26. 55163	1. 171725	23. 40106	29. 63836
c	396	29. 74168	0. 312866	29. 25749	30. 25549
mprice	396	4. 753369	0. 158208	4. 571613	5. 031834

表 5 – 13   变量的 Spearman 相关系数矩阵

	L	flexibility	REER	X	M	kl	y	c	mprice
L	1								
flexibility	0. 0436	1							
REER	− 0. 1747	0. 0219	1						
X	− 0. 0671	0. 2779	− 0. 0256	1					
M	− 0. 2338	− 0. 258	0. 4314	0. 1405	1				
kl	− 0. 0223	− 0. 456	0. 1556	− 0. 2727	0. 12	1			
y	0. 7733	− 0. 1921	− 0. 0553	− 0. 1509	− 0. 2196	0. 3176	1		
c	0. 1686	− 0. 0907	0. 3253	− 0. 1056	0. 0822	0. 4272	0. 5288	1	
mprice	0. 1871	− 0. 0588	0. 2649	− 0. 0997	0. 0862	0. 3815	0. 5185	0. 9471	1

（三）就业、劳动力市场灵活性、国际贸易、技术以及汇率计量结果分析

表 5 – 14 的被解释变量是就业人数，表 5 – 14 除第（2）列外汇率指标都是经过 Hodrick-Prescott 平滑的实际有效汇率，第（2）列的汇率数据来源于《中国统计年鉴》，第（3）列的估计方法是面板固定效应估计。第（1）列和第（3）列主要解释变量的方向和数值都相差不大，劳动力市场灵活性与实际有效汇率交叉项的系数 GMM 估计为 − 0. 25，面板固定效应估计为 − 0. 303，可见，劳动市场灵活性降低就业汇率弹性；实际有效汇率的系数分别为 0. 324 和 0. 399。第（2）列没有经过 Hodrick-Prescott 平滑的汇率的系数相比实际有效汇率指标大很多为 4. 701，因此，可以发现汇率未预期的波动对就业的影响很大。

表 5 – 14   汇率影响就业的因素分析

sample	all	all	all	Highopen	Lowopen	hightfp	lowtfp
method	DDgmm	DDgmm	FE	DDgmm	DDgmm	DDgmm	DDgmm
L_{t-1}	0. 587 ***	0. 457 ***	0. 749 ***	0. 215 **	0. 662 ***	0. 602 ***	0. 476 ***
	(0. 013)	(0. 016)	(0. 019)	(0. 121)	(0. 027)	(0. 025)	(0. 040)
REER	0. 324 ***	4. 701 ***	0. 399 ***	1. 045	– 0. 433	– 0. 440	0. 645 ***
	(0. 059)	(1. 784)	(0. 110)	(2. 124)	(0. 355)	(0. 446)	(0. 216)
flexibility	– 0. 354 ***	6. 954 ***	– 0. 509 ***	– 0. 840	– 0. 067	– 1. 601 ***	– 0. 341
	(0. 146)	(2. 910)	(0. 168)	(1. 225)	(0. 199)	(0. 202)	(0. 263)
X + M	0. 016 **	0. 046 ***	0. 055 ***	– 0. 041	0. 026 **	0. 035 **	– 0. 027 ***
	(0. 009)	(0. 011)	(0. 013)	(0. 224)	(0. 015)	(0. 022)	(0. 013)
REER * X	0. 100 ***	– 0. 096 ***	0. 074 ***	0. 168	– 0. 11 ***	0. 016	0. 121 ***
	(0. 016)	(0. 021)	(0. 020)	(0. 207)	(0. 055)	(0. 054)	(0. 017)
REER * M	0. 016 ***	0. 025 ***	0. 021 ***	0. 025	0. 029	0. 048 ***	0. 040 ***
	(0. 002)	(0. 005)	(0. 005)	(0. 022)	(0. 170)	(0. 007)	(0. 004)
REER * flex	– 0. 250 ***	– 3. 936 ***	– 0. 303 ***	– 0. 867	0. 358	0. 319	– 0. 511 ***
	(0. 049)	(1. 381)	(0. 088)	(1. 744)	(0. 289)	(0. 356)	(0. 181)
kl	– 0. 007 ***	– 0. 012 ***	– 0. 004 *	– 0. 013 **	– 0. 007 ***	– 0. 008 ***	– 0. 004 ***
	(0. 001)	(0. 001)	(0. 003)	(0. 007)	(0. 001)	(0. 001)	(0. 001)
y	0. 119 ***	0. 101 ***	0. 182 ***	0. 064	0. 071 ***	0. 071 ***	0. 317 ***
	(0. 017)	(0. 018)	(0. 019)	(0. 149)	(0. 017)	(0. 018)	(0. 040)
c	– 0. 127 ***	– 0. 160 ***	– 0. 277 ***	0. 184	– 0. 097 ***	– 0. 034 *	– 0. 394 ***
	(0. 039)	(0. 036)	(0. 049)	(0. 288)	(0. 030)	(0. 023)	(0. 060)
mprice	0. 371 ***	0. 498 ***	0. 252 ***	0. 852 ***	0. 324 ***	0. 448 ***	0. 318 ***
	(0. 028)	(0. 025)	(0. 069)	(0. 294)	(0. 016)	(0. 032)	(0. 064)
sargan	0. 994	0. 996	1. 000	1. 000	1. 000	1. 000	1. 000
abond	0. 399	0. 249		0. 260	0. 659	0. 114	0. 400
observation	329	330	363	104	225	165	164

注：结果由 stata 11 统计软件计算得到，括号内的数值为相应变量的标准差，＊、＊＊、＊＊＊分别表示在 15%、10% 和 5% 的水平下通过显著性检验。

估计结果显示，就业的汇率弹性随着经济开放度提高而变大，出口导向率与实际有效汇率交叉项的系数在 10% 显著水平下为0.1，该系数在高开放水平的行业样本为 0.168，在低开放水平的行业样本为 10% 显著水平下的 -0.011。进口渗透率与实际有效汇率的交叉项的系数为 1% 显著水平下的 0.016，该系数在高低开放水平的行业样本分别为 0.025 和 0.029。虽然不够显著，但是综合出口和进口与实际有效汇率交叉项的系数，仍然传达了与模型推论一致的信息：经济开放度的提高，将会提高劳动力需求对汇率的弹性。

劳动力市场灵活性指标的系数为 1% 显著水平下 -0.354，意味着劳动调整成本的提高对就业调整是一种负面影响。劳动力市场灵活性指标与实际有效汇率交叉项的系数为 1% 显著水平下的 -0.25，表明劳动力市场调整成本的提高将降低劳动力需求对汇率的弹性。关于劳动力市场灵活性可能通过影响就业流动渠道降低就业对汇率弹性的验证，将在后面的实证部分的稳健性检验中说明。

生产率的提高降低劳动力需求对汇率的弹性，实际有效汇率在高生产率水平的样本的系数为 -0.44，在低生产率水平样本的系数为 1% 显著水平下的 0.645 与伯们和迈耶（Berman，Mayer，2012）的结论一致：高生产率水平的企业在面对汇率冲击时更倾向于改变自身的 mark-up；低生产率水平的企业更倾向于改变自身的产量。因为产量的改变对就业的影响大于加成改变对就业的影响，劳动力市场灵活性是就业调整的成本反映，所以，由伯们和迈耶（Berman，Mayer，2012）结论可得劳动力市场灵活性可能在不同的生产率行业对就业汇率弹性的影响不同，这一点同样在后面实证部分的稳健性检验中验证。

其他变量的估计结果符合预期，资本劳动力的比例效应为 1% 显著水平下的 -0.007，表明资本对劳动力是一种替代，资本偏向的技术更是节约劳动力投入。产出越大，劳动力需求越大。消费的效应为负值，可能是因为消费与产出的相关性系数很高。其他原材料投入价格越大，劳动力需求大，说明了劳动力与原材料的替代关系。

二、劳动力市场调整成本对就业流动汇率弹性的实证分析

此外，探索就业与汇率及其他各种因素关系的研究还包括汇率与就业再配置的研究，克莱恩等（Klein et al.，2003）证实实际汇率的趋势对就业创造（破坏）有显著的影响，他们随着汇率的升值上升（下降）。本节简要分析汇率及其他因素对行业就业再配置的影响，M^+ 是 ΔL_{pit} 大于零的行业集，M^- 是 ΔL_{pit} 小于零的行业集。

就业创造指标：$cc_{it} = \dfrac{\sum_{p \in M^+} \Delta L_{pit}}{0.5 \times (L_{it} + L_{it-1})}$

就业破坏率：$dd_{it} = \dfrac{\sum_{p \in M^-} |\Delta L_{pit}|}{0.5 \times (L_{it} + L_{it-1})}$

就业再配置率：$R_{it} = cc_{it} + dd_{it}$

表5-15中第（1）列、第（4）列、第（5）列、第（6）列、第（7）列的被解释变量是就业再配置率，表5-15第（2）列的被解释变量是就业创造率，第（3）列的被解释变量是就业破坏率。

表5-15　　　　　　　　　就业创造的汇率弹性

sample	all	all	all	highopen	lowopen	hightfp	lowtfp
method	DDgmm	DDgmm	DDgmm	DDgmm	DDgmm	DDgmm	DDgmm
L_{t-1}	-0.031 *** (0.010)	-0.027 *** (0.004)	-0.002 (0.006)	-0.129 ** (0.098)	-0.030 *** (0.008)	0.003 (0.007)	-0.112 *** (0.024)
REER	-0.003 *** (0.001)	0.001 (0.002)	-0.002 *** (0.000)	-0.006 (0.011)	-0.027 *** (0.009)	-0.005 *** (0.001)	-0.025 *** (0.002)
flexibility	-0.148 (0.205)	-0.366 *** (0.111)	-0.239 *** (0.052)	-1.559 (0.867)	0.251 (0.199)	-0.245 (0.298)	-0.337 (0.241)
X + M	0.049 *** (0.013)	0.102 *** (0.010)	-0.047 *** (0.006)	0.195 (0.195)	0.047 *** (0.018)	0.060 *** (0.012)	0.117 *** (0.012)

续表

sample	all	all	all	highopen	lowopen	hightfp	lowtfp
method	DDgmm	DDgmm	DDgmm	DDgmm	DDgmm	DDgmm	DDgmm
REER * X	0.066 *** (0.013)	0.041 *** (0.012)	0.041 *** (0.009)	-0.003 (0.248)	0.055 (0.054)	0.120 *** (0.039)	0.057 *** (0.026)
REER * M	-0.004 (0.004)	-0.003 (0.004)	0.006 *** (0.001)	-0.003 (0.027)	0.117 * (0.073)	0.066 *** (0.003)	0.027 *** (0.005)
REER * flex	-0.018 *** (0.007)	0.009 ** (0.005)	-0.046 *** (0.004)	-0.004 (0.111)	0.002 (0.008)	-0.044 *** (0.010)	-0.003 (0.009)
kl	-0.004 *** (0.002)	0.001 (0.001)	-0.001 (0.001)	-0.032 ** (0.019)	-0.003 *** (0.001)	-0.004 *** (0.002)	-0.014 *** (0.004)
y	0.072 *** (0.024)	0.085 *** (0.015)	0.018 *** (0.009)	0.169 (0.135)	0.037 * (0.025)	0.026 ** (0.015)	0.161 *** (0.030)
c	-0.253 *** (0.050)	-0.217 *** (0.027)	-0.099 *** (0.018)	-0.380 (0.274)	-0.169 *** (0.057)	-0.120 *** (0.030)	-0.380 *** (0.057)
mprice	0.257 *** (0.038)	0.214 *** (0.032)	0.055 *** (0.013)	0.050 (0.098)	0.274 *** (0.035)	0.288 *** (0.039)	0.158 *** (0.043)
sargan	0.999	0.999	0.999	1.000	1.000	1.000	1.000
abond	0.354	0.863	0.201	0.382	0.138	0.978	0.252
obs	329	329	329	104	225	165	164

注：结果由 stata 11 统计软件计算得到，括号内的数值为相应变量的标准差，＊、＊＊、＊＊＊分别表示在15%、10%和5%的水平下通过显著性检验。

估计结果显示，就业再分配率、就业创造、就业破坏的汇率弹性随着经济开放度提高而变大，出口导向率与实际有效汇率交叉项的系数在1%显著水平下分别为0.066、0.041和0.041。进口渗透率与实际有效汇率的交叉项对就业再分配率和就业创造率的效应为正，但是不够显著，对就业破坏的效应为1%显著水平下的0.006，进口替代了部分就业岗位。表5-15第（4）列和第（5）列为基于外贸依存度分类样本的估计结果，发现高贸易依存度指标与实际有效汇率交叉项的系数不够显著，低贸易依存度指标与实际有效汇率交叉项的系数也不够显著。

劳动力市场灵活性指标的系数为 5% 显著水平下 - 0. 366 和 - 0. 239，意味着劳动调整成本的提高对就业创造率和破坏率是一种负面影响。劳动力市场灵活性指标与实际有效汇率交叉项的系数为 1% 显著水平下的 - 0. 018，表明劳动力市场调整成本的提高将降低就业再配置率对汇率的弹性。该交叉项系数对就业创造的影响为 0. 009，对就业破坏的影响为 1% 显著水平下的 - 0. 046，说明了解雇成本的存在减少了就业岗位的消失。

生产率的提高降低了就业再配置率对汇率的弹性，实际有效汇率在高生产率水平样本的系数为 1% 显著水平下的 - 0. 005，在低生产率水平样本的系数为 1% 显著水平下的 - 0. 025 与高生产率水平下就业对汇率波动的反应一致。伯们和迈耶（Berman, Mayer, 2012）认为，低生产率水平的企业更倾向于改变自身的产量。伴随着产业的调整，同时伴随着就业岗位的调整和工作岗位的流动，所以作为就业调整成本的劳动力市场灵活性对低生产率行业的影响更大。低生产率样本的劳动灵活性指标的系数为 - 0. 337，高生产率样本的劳动灵活性指标的系数为 - 0. 245。

其他变量的估计结果符合预期，资本劳动力的比例对就业再配置的效应为 1% 显著水平下的 - 0. 004，表明资本与劳动力之间的替代关系。产出越大，就业流动越大。其他原材料投入价格越大，劳动力需求大，说明了劳动力与原材料的替代关系。

三、劳动力市场调整成本通过就业流动对就业的实证分析

劳动力不断在行业内部和行业之间流动，这种岗位的转换过程必然造成额外的成本，即劳动力调整成本可能会作用于劳动力的岗位转换过程，为了证实这种可能性，表 5 - 16 给出了相应的实证分析。

表5-16　　　　　　　　就业创造的汇率弹性的影响因素

sample	highvotility	lowvotility	all	all	all	all
method	DDgmm	DDgmm	DDgmm	FE	FE	FE
L_{t-1}	0. 439 *** (0. 028)	0. 576 *** (0. 038)	0. 573 *** (0. 012)			
REER	- 0. 579 *** (0. 228)	0. 959 *** (0. 086)	- 0. 228 *** (0. 023)	1. 331 (1. 263)	0. 339 *** (0. 144)	0. 499 (0. 383)
flexibility	- 0. 569 *** (0. 144)	- 0. 555 *** (0. 133)	- 0. 958 *** (0. 101)	- 0. 727 *** (0. 344)	1. 229 *** (0. 221)	- 0. 364 (0. 318)
X + M	- 0. 075 *** (0. 015)	0. 069 *** (0. 010)	0. 054 *** (0. 012)	- 0. 004 (0. 030)	- 0. 062 *** (0. 017)	- 0. 026 (0. 029)
REER * X	0. 115 *** (0. 024)	0. 131 *** (0. 020)	- 0. 178 *** (0. 010)	0. 220 *** (0. 029)	0. 044 *** (0. 015)	0. 126 *** (0. 023)
REER * M	0. 042 *** (0. 008)	0. 026 *** (0. 001)	- 0. 009 *** (0. 003)	0. 054 *** (0. 013)	0. 035 *** (0. 007)	0. 049 *** (0. 013)
REER * flex	0. 438 *** (0. 187)	- 0. 754 *** (0. 067)	0. 190 *** (0. 017)	- 1. 267 (1. 000)	- 0. 337 *** (0. 115)	- 0. 460 * (0. 301)
Flex * ben				0. 008 (0. 041)	- 0. 315 *** (0. 023)	0. 096 *** (0. 016)
REER * ben				0. 442 (0. 933)	0. 018 *** (0. 004)	- 0. 429 (0. 474)
Flex * ben * REER				- 0. 470 (0. 737)	- 0. 060 *** (0. 014)	0. 406 (0. 375)
kl	- 0. 003 *** (0. 001)	- 0. 009 *** (0. 002)	- 0. 013 *** (0. 001)	- 0. 027 *** (0. 006)	- 0. 077 *** (0. 004)	- 0. 019 *** (0. 006)
sargan	0. 994	0. 972	0. 995	1. 000	1. 000	1. 000
	0. 889	0. 074	0. 719			
obs	165	164	330	391	391	391

注：结果由 stata 11 统计软件计算得到，括号内的数值为相应变量的标准差，＊、＊＊、＊＊＊分别表示在15%、10%和5%的水平下通过显著性检验。

表5-14和表5-15分别估计了就业和就业流动汇率弹性的影

响因素。劳动力市场灵活性是就业调整的成本，企业在面临汇率冲击时，它可能会阻碍行业内部和行业之间的就业流动从而影响就业对汇率的弹性。为了检验这种可能性，表5-16中的第（4）列报告了劳动力市场灵活性通过就业流动对就业汇率弹性的影响。[1] 斯轧诺等（Cingano et al.，2010）利用 Differences-in-differeces 方法检验 EPL 通过就业流动对资本市场的影响，第（4）列采用同样的方法估计劳动市场灵活性和就业流动对就业面临汇率冲击时的综合反应。变量 ben 是就业流动（R_{it}）的基准测量（benchmark measure），测算方法来自斯寇恩和帕派安诺（Ciccone，papaioannou，2006，2007）

$$R_{it} = \alpha_i + \lambda_t + \theta_i flex + v_{it} \qquad (5-18)$$

其中，ben = α_i，Flex * ben * REER 的系数，就是劳动力市场灵活性通过就业流动对就业汇率弹性的影响程度。系数等于 -0.47 符号为负值，符合预期，劳动力市场灵活性通过阻碍就业流动恶化了劳动力需求的汇率弹性，但是不够显著。

表5-16中的第（5）列和第（6）列分别用 Differences-in-differeces 方法和佛纳德等（Fernando et al.，2010）的方法验证了伯们和迈耶（Berman，Mayer，2012）中暗含的推论：劳动力市场灵活性可能在不同的生产率行业对劳动力需求汇率弹性的影响不同。第（5）列、第（6）列 ben 分别指代 1998 年为基期的行业全要素生产率和低全要素生产率行业的虚拟变量（低于均值 TFP 为 1，高于均值 TFP 为 0），结果显示，随着生产率的提高，劳动力市场灵活性对就业汇率弹性的影响为 1% 显著水平下的 -0.077；低生产率行业劳动力市场灵活性对就业汇率弹性的影响为 0.406，方向与伯们和迈耶（Berman，Mayer，2012）中暗含的推论一致，遗憾的是数值不够显著。

此外，为了检验汇率持久性对就业汇率弹性的影响，这部分从

---

[1] 菲德瑞扣等（Federico et al.，2010）分析了 EPL 和金融市场的不完善对劳动生产率和就业分配的联合效应。

汇率波动的角度出发，侧面分析汇率持久性的影响，因为汇率持久性没有对比性。关于汇率波动性的测算通用的一种方法是：[①]

$$REERV_{it} = \frac{REER_{it} - REER_{it-1}}{REER_{it-1}}$$

估计结果见表 5 - 16 的第（3）列；表 5 - 16 中的第（1）列和第（2）列样本分类的标准是经过 Hodrick-Prescott 平滑后的暂时变化项。高低汇率波动样本显示，实际有效汇率的系数在 5% 显著水平下分别为 - 0.579 和 0.959，可见，汇率波动程度低相比高汇率波动能够提高就业汇率弹性；表 5 - 16 中的第（3）列所有有关汇率的指标都是汇率波动性，它的系数为 1% 显著水平下的 - 0.228，可见，汇率波动性越高对就业越是不利。

第五节　劳动力市场制度、汇率及其他因素对技能溢价的实证分析

熟练劳动的工资收入相对于非熟练劳动出现上升趋势，是 20 世纪 80 年代以来世界上许多国家普遍发生的现象。这一现象不仅发生在美国、欧盟等发达国家（其高级化的产业结构导致了对熟练劳动的强劲需求），而且，不少发展中国家也出现了相似的现象。[②]

熟练劳动相对于非熟练劳动工资上升，加剧了收入分配的不平等，已经引起各国的高度关注。不少学者认为，经济全球化以及技术的变动是重要的影响因素。中国"入世"以后，融入经济全球化的步伐不断加快，但收入分配不均尤其是缺乏技能的非熟练劳动收入持续相对过低，已经成为制约经济可持续发展的潜在重要问题之

[①]　测算方法来源于黄志刚和陈晓杰（2010）。

[②]　在相关研究中，对熟练劳动和非熟练劳动的界定一般使用受教育的程度，发达国家多以大学以上学历的劳动者为熟练劳动，发展中国家则多将高中以上学历的劳动者作为熟练劳动。

一。在此背景下，探讨国际贸易的发展和技术变动对中国熟练劳动与非熟练劳动技能溢价（工资差距）的影响，无疑具有重要的意义。

熟练劳动和非熟练劳动的相对工资由二者的相对供求决定，而国际贸易、汇率变动带来的相对价格变动以及技术革新很可能引起不同类型劳动的相对需求变化。[①] 国内外相关研究主要从这一线索上展开。

国际贸易对工资影响研究的主要理论基础，是新古典框架下的一般均衡理论模型。斯道帕和萨缪尔森（Stolper，Samuelson，1941）在两种商品、两种生产要素、非完全专业化的标准 HOS 分析框架中，证明了国际贸易必将降低稀缺生产要素以任何一种商品衡量的实际收入，这就是著名的斯托尔帕—萨缪尔森定理（SS Theorem），该定理为国际贸易与工资关系的理论分析奠定了基础。此后，贸易与工资的研究大都沿着这个方向进行（Wood，1991；Deardorff，1994；Feenstra，Hanson，1996；Harrigan，2000）。斯若普斯和徐（Syropoulos，Xu，2001）从产业内贸易角度出发，认为发达国家的产业内贸易是引起技能溢价的重要原因，贸易开放使企业规模扩大，而企业规模的扩大对熟练工人的相对需求上升。

巴格瓦提和德基亚（Bhagwati，Dehejia，1994）回顾和分析了自由贸易与美国熟练工人和非熟练工人工资不平等的关系，认为不能将美国 20 世纪 80 年代非熟练工人实际工资相对下降的主因归于自由的国际贸易，技术变动可能是主要原因。里莫（Leamer，1998）认为，技术进步对技能溢价的影响取决于其产业偏向，而不取决于要素偏向，只要技术进步更多地发生在技术密集型产业，就会使熟练劳动和非熟练劳动工资差距上升。库格曼（Krugman，2000）则认为，要素偏向的技术进步会导致收入差距拉大，部门偏向的技术进步只有在产品价格相对不变、其他国家不存在同等程度

---

① 从长期看，贸易和技术还会对不同类型劳动的相对供给产生影响。

的技术进步条件下，才会导致国内收入差距加大。阿莫格鲁（Ace-moglu，2003）认为，技术、熟练劳动相对供给和贸易是工资不平等的决定因素，技术本身是内生的，他的重要结论就是贸易引致了偏向熟练劳动的技术变革。

关于劳动力市场制度对不同类型劳动力相对需求进而对技能溢价的影响主要有：蒂纳德等（DiNardo et al.，1996）曾发现，最低工资制度主要影响非熟练劳动，对熟练劳动几乎没有影响，最低工资制度会提高低于这一标准的非熟练劳动工资，降低技能溢价。柏欧和皮提（Bell，Pitt，1998）得出工会力量的下降扩大了 20 世纪 80 年代初男性工人的收入分布。伯瑞等（Boeri et al.，2006）表明，就业保护立法（EPL）有降低失业人员流动的效应，而且对熟练劳动的影响大于非熟练劳动，因此他认为就业保护立法（EPL）更多的是对非熟练劳动的保护。阿蒂森等（Addison et al.，2007）发现，工会力量的弱化对不同性别的工资差距的影响相当微弱。

本节主要从以上 4 个方面综合考虑国际贸易、汇率变化、技术进步以及劳动力市场制度对技能溢价的影响。

一、中国工业部门工资差异的经验分析

2001 年，中国加入 WTO 后，对外贸易经历了迅速的扩张，技术变革加速，贸易、技术对熟练工人和非熟练工人的相对需求进而对技能溢价的影响变得日益重要。同时，劳动力市场制度持续改革，由此引发的收入分配不均问题也受到更广泛的关注。下面，我们使用 1998～2009 年中国工业部门 33 个细分行业大中型企业的统计数据[①]

---

①　使用大中型企业统计数据的原因，是为了便于得到和推算熟练劳动（本书中以科技活动人员替代）和非熟练劳动的分类就业、工资统计数据，同时，保持相关指标在研究期内统计口径的一致性。细分行业包括采掘业和制造业 39 个部门，由于在贸易数据分类时将食品制造和农副食品加工合在一起，为了保证贸易数据和细分行业的一致性，将这两个行业合成一个，同时，去掉其他采矿业、工艺品及其他制造业、废弃资源和废旧材料回收加工业、燃气生产和供应业以及水的生产行业。

来分解贸易、技术以及制度对技能溢价（工资差距）的影响。

（一）工业部门熟练劳动相对需求变化在行业内部和行业之间的分解

国际贸易和技术进步对中国工业部门熟练劳动与非熟练劳动的技能溢价效应，源于其对两种类型劳动相对需求的影响。相对需求的影响可以发生在行业之间，例如，国际贸易和技术进步可能导致工业部门非熟练劳动或者熟练劳动密集型行业的结构发生变化，进而对不同劳动相对需求产生影响；也可以发生在行业内部，例如，中间产品贸易、行业内部的偏向性技术进步所导致的不同劳动相对需求变化等。赫斯和伍（Hsieh，Woo，2005）在经验上将不同类型劳动的相对需求变化分解为一个生产部门各细分行业之间和行业内部的变化。这里，我们借鉴其方法对中国工业部门熟练劳动相对需求变化在细分行业内部和行业之间进行分解，具体如下：

$$\Delta D_t = \sum_j \Delta E_{jt} D_{jt} + \sum_j \Delta D_{jt} E_{jt} \qquad (5-19)$$

其中，E_{jt}表示 t 年细分工业行业 j 劳动就业人数在工业部门总劳动就业人数中的份额，D_{jt}表示行业 j 熟练劳动占行业 j 总劳动就业人数的比重。式（5-19）右边第一项说明，工业部门细分行业之间的熟练劳动需求变化，第二项表示行业内部劳动要素再配置带来的熟练劳动需求变动部分。在计算过程中，劳动就业人数来源于历年《中国劳动统计年鉴》大中型企业年平均从业人员数量，限于数据可得性，以科技活动人员数量作为熟练劳动人数，具体的估计结果，见表 5-17。

表 5-17　中国工业部门行业之间和行业内部熟练劳动需求变化　　单位：%

年份	总体变化	行业之间	行业内部	行业间贡献率	行业内贡献率
1999	0.0050	0.0000	0.0050	0.7160	99.2840
2000	0.0016	0.0002	0.0014	14.7874	85.2126

续表

年份	总体变化	行业之间	行业内部	行业间贡献率	行业内贡献率
2001	0.0004	− 0.0001	0.0005	− 20.8251	79.1749
2002	0.0017	− 0.0002	0.0019	− 10.4650	89.5350
2003	− 0.0066	− 0.0007	− 0.0059	− 10.8011	− 89.1989
2004	− 0.0045	− 0.0001	− 0.0044	− 1.6684	− 98.3316
2005	0.0035	0.0001	0.0034	3.8990	96.1010
2006	− 0.0013	− 0.0017	0.0004	− 82.0107	17.9893
2007	0.0055	0.0011	0.0044	20.1995	79.8005
2008	0.0015	0.0004	0.0011	28.7966	71.2034
2009	0.0047	0.0002	0.0046	3.5050	96.4950

从表 5 - 17 可以看出，中国工业部门对熟练劳动的相对需求在 1999 ~ 2009 年间总体上体现出缓慢上升的趋势，细分行业内部熟练劳动需求的变化对中国工业部门熟练劳动需求变化的贡献占明显的主导地位，而行业间劳动配置的作用并不重要且不存在推动熟练劳动需求上升的作用和趋势。其中，2003 年和 2004 年中国工业部门对熟练劳动的需求出现了反常的下降情况，一个可能的原因是中国加入 WTO 后，短期内可能将一些熟练劳动密集型生产活动外包至发达国家，导致熟练劳动的需求变化出现短暂逆转。表 5 - 17 的估计结果表明，中国近年来工业部门的劳动力再配置从需求方面偏向熟练劳动。在劳动力供给数量和供给结构一定的情况下，会拉大熟练劳动与非熟练劳动的工资差距。

（二）国际贸易对工业部门熟练劳动和非熟练劳动的相对需求的影响

为了直接测算国际贸易导致的不同类型劳动力相对需求变化，本节借鉴卡兹和莫菲（Katz，Murphy，1992）构建的指标，来检验中国工业部门细分行业净贸易量对不同类型劳动力相对需求的影响。

卡兹和莫菲（Katz，Murphy，1992）所定义的影响 k 类劳动相对需求的国际贸易效应 T_t^k 如下：

$$T_t^k = -(E^{-k}) \sum_i [e_i^k E_{it}(l_{it}/Y_{it})] + \sum_i E_{it}(l_{it}/Y_{it}) \qquad (5-20)$$

其中，l_{it} 表示行业 i 在 t 年的净出口额，Y_{it} 表示行业 i 在 t 年的产出，E_{it} 表示行业 i 在 t 年的劳动就业人数占工业部门总就业人数的比重，e_i^k 表示行业 i 中第 k 类劳动力在整个研究期内占该行业劳动就业总人数的平均份额，E^k 表示在研究期内中国工业部门第 k 类劳动力在总劳动就业中的平均份额。

不难看出，中国工业部门各行业净出口引起的劳动需求变化为：$\sum_i E_{it}(l_{it}/Y_{it})$，相应的净出口中隐含的第 k 类劳动力的供给变化是：$(E^{-k}) \sum_i [e_i^k E_{it}(l_{it}/Y_{it})]$。因此，以上两项加总得到的 T_t^k 为（以 k 类劳动需求相对百分比增长表示的）影响 k 类劳动相对需求的国际贸易效应[①]［更为详细的说明参见（Murphy，Welch，1991）］。在测算过程中，我们仍使用了中国工业部门 33 个细分行业大中型企业的统计数据，[②] 其中，熟练劳动用 skill 表示，非熟练劳动用 uskill 表示，具体的计算结果，见表 5 - 18。

表 5 - 18　　　　国际贸易对中国工业部门熟练劳动和非熟练
劳动需求相对变化的影响　　　　　　　　　　单位：%

t	1998年	1999年	2000年	2001年	2002年	2003年	2004年	2005年	2006年	2007年	2008年	2009年
uskill	-0.7	-0.7	-0.8	-0.8	-0.9	-0.7	-0.7	-0.6	-0.6	-0.5	-0.4	-0.3
skill	13.40	13.50	15.10	16.10	16.90	13.60	14.10	11.80	11.10	9.90	8.40	6.00

---

① 值得注意的是，这里的经验方法在思想上虽然与计算贸易的要素含量方法（FCT）有类似之处，但并未考虑到贸易通过部门之间投入产出间接引致的劳动需求。

② 由于无法得到细分行业大中型企业贸易数据，因此，进出口数据为包括小企业的行业贸易数据。

从表 5-18 可以发现，中国工业部门细分行业净贸易额在 1998~2009 年间对熟练劳动需求相对变化的影响为正，国际贸易对熟练劳动相对需求的提升作用在每年 0.13 左右，其中，2002 年的增长幅度最大。研究期内中国工业部门细分行业净贸易额对非熟练劳动需求的相对变化具有负效应，但在程度上较小。这一结果说明，贸易从需求面具有扩大中国工业部门熟练劳动和非熟练劳动工资差距的倾向，但不可忽视的是国际贸易还可能通过影响不同类型劳动供给对技能溢价施加影响。因此，有必要进一步通过系统的计量分析估计国际贸易等因素对中国工业部门熟练劳动和非熟练劳动工资差距的影响。

二、国际贸易、劳动力市场制度以及汇率影响技能溢价的实证分析

(一) 方程的确定和指标选取

下面，运用中国工业部门 33 个细分行业 1998~2009 年的大中型企业面板数据，估计相应因素对技能溢价的影响。根据理论分析，熟练劳动对非熟练劳动的技能溢价取决于技术进步、相对价格、劳动力市场制度以及其他影响劳动力相对供求因素，国际贸易、经济增长、产出规模、资本深化等因素必然影响各种类型的劳动相对供求，从而影响技能溢价（差距）。

$$w_{it} = \gamma_0 + \gamma_1 flex_{it} + \gamma_2 tfp_{it} + \gamma_3 trade_{it} + \gamma_4 REER_{it} + \gamma_5 y_{it} + \gamma_6 rate_t$$
$$+ \gamma_7 kl_{it} + \gamma_8 skill_{it} + \gamma_9 rate_t * skill_{it} + u_{it} \qquad (5-21)$$

其中，$w_{it} = \ln(w_{hit}/w_{uit})$ 是中国工业部门第 i 个细分行业熟练劳动对非熟练劳动的技能溢价。本书以行业科技活动人员数量作为行业熟练劳动人数，熟练劳动的工资用分行业科研活动人员的劳务支出与科研活动人员人数之比来衡量，非熟练劳动工资利用分行业工人总工资额与该行业熟练劳动总工资额之差，再与行业总劳动力

与熟练劳动之差相比得到。

flex$_{it}$是反映劳动力市场制度的就业保护指标，分项指标①的选取方法和构造方法与弗纳德和密凯欧（Fernando，Miquel，2010）一致。该指标与樊纲（2011）劳动力市场化指数是负相关关系，②所以在一定程度上可以作为劳动力市场制度的合理代理变量。

tfp$_{it}$为 i 行业的技术进步指标，使用该行业的全要素生产率，本书利用周申等（2007）的方法进行测算，得到 1998~2009 年的全要素生产率。③

REER$_{it}$是行业 i 的实际有效汇率，经过 Hodrick - Prescott 指数平滑，过滤掉暂时变化部分，作为相对价格的工具变量。

trade$_{it}$（log）是 i 行业的国际贸易指标，使用行业进出口总额与工业总产值之比，行业进出口额使用周申（2006）的方法将相应年份海关商品进出口数据归并到行业上来，工业总产值数据来源于《中国工业统计年鉴》。

rate$_t$（log）是失业率指标，用来控制劳动力市场的供求状况。寇尼格等（Koeniger et al.，2004，2007）就采纳了这一指标来控制劳动力市场的供求和经济周期因素，此外，他们还加入了失业率与熟练劳动比重指标的交叉项。

skill$_{it}$（log）是 i 行业熟练劳动比重；y$_{it}$（log）是产出规模，由行业的工业总产值除以相应的出厂价格指数得到，用来度量产出规模扩大对技能溢价的影响；kl$_{it}$（log）是行业 i 的资本深化指标，由行业固定资产净值年平均余额与当年劳动投入相除得到。④

---

① 分项指标依次是 j 行业 t 年小型企业就业人数占全部就业人数的比例，只是未被集体合同覆盖的劳动者比重；j 行业 t 年乡镇企业就业人数占全部就业人数的比重，与 EPL 中临时就业指标类似；j 行业 t 年的集体企业就业人数比重，这类企业的工人平均工资最低，详见历年《中国统计年鉴》。

② 与劳动力市场化指标之间的相关关系为 -0.666。

③ 全要素生产率的具体测算方法和结果可向作者索要。

④ 固定资产净值经过 1998 年为基期的固定资产价格指数的平减，劳动投入使用相应年份从业人员数。

（二）数据的描述性统计

从表5-19中看到，实际有效汇率的指标存在5个缺失值，劳动力市场灵活性指标波动幅度不大，实际有效汇率指标出现负值的原因是 Hodrick - Prescott 指数平滑过程。就业保护指标比较平稳，波动幅度不大；全要素生产率指标的波动幅度很大，实际有效汇率指标波动幅度也比较大。

表5-19　　　　　　　　　　变量的统计性描述

Variable	Obs	Mean	Std. Dev.	Min	Max
wage	396	0.2874697	0.3998528	-1.100747	1.406222
flex	396	1.261885	0.0523866	1.110109	1.37617
tfp	396	2.935066	1.706606	0.9477894	9.92213
trade	396	-1.269108	1.313327	-6.024371	1.379216
kl	396	10.99264	1.560275	5.43614	14.02759
y	396	26.55163	1.171725	23.40106	29.63836
rate	396	1.274668	0.0950544	1.096388	1.370034
REER	391	0.0175374	1.046615	-5.101804	3.312201
skill	396	-3.827227	0.8661757	-6.077424	-2.321587

（三）技能溢价决定因素回归结果以及稳健性检验

1. 技能溢价决定因素估计

表5-20是技能溢价决定因素的面板固定效应估计结果。回归分析结果显示，1998～2009年间，国际贸易对扩大中国工业部门熟练劳动与非熟练劳动工资差距的效应不够显著，贸易依存度每上升1%，熟练劳动与非熟练劳动工资差距将增大0.02%左右，表明贸易并未如经典理论所预期的提高中国非熟练劳动相对工资，同时，在一定程度上验证了表5-19中贸易倾向增加熟练劳动相对需求的

结果。究其原因，这可能与研究期内中国对外贸易较大份额是由外商投资企业进行有关，外资企业在生产和贸易中常具有较高的资本和熟练劳动投入倾向。

表5－20　　技能溢价决定因素的随机效应与固定效应估计结果

		TFP			FLEX		
	all	50percentile	75percentile	90percentile	50percentile	75percentile	90percentile
flex	-1.765 *** (0.543)	-1.043 * (0.711)	-1.239 *** (0.575)	-1.591 *** (0.532)	-3.579 *** (0.758)	-2.427 *** (0.702)	-1.600 *** (0.572)
tfp	0.071 *** (0.018)	0.102 ** (0.056)	0.044 (0.037)	0.075 *** (0.027)	0.075 *** (0.022)	0.055 *** (0.019)	0.056 *** (0.018)
trade	0.021 (0.040)	0.097 (0.077)	0.088 ** (0.050)	0.077 ** (0.043)	0.004 (0.040)	-0.043 (0.041)	-0.049 (0.040)
kl	0.050 *** (0.010)	0.039 *** (0.014)	0.040 *** (0.011)	0.046 *** (0.010)	0.058 *** (0.011)	0.053 *** (0.011)	0.052 *** (0.010)
y	-0.148 *** (0.046)	-0.131 (0.100)	-0.080 (0.072)	-0.139 *** (0.059)	-0.122 *** (0.056)	-0.091 ** (0.050)	-0.106 *** (0.045)
rate	2.598 *** (0.521)	2.374 *** (0.775)	1.874 *** (0.592)	2.074 *** (0.515)	2.161 *** (0.603)	1.932 *** (0.553)	2.038 *** (0.519)
REER	0.062 *** (0.020)	0.070 *** (0.026)	0.082 *** (0.022)	0.069 *** (0.020)	0.073 *** (0.020)	0.076 *** (0.020)	0.080 *** (0.020)
skill	-0.410 *** (0.178)	-0.108 (0.270)	-0.040 (0.215)	-0.168 (0.190)	-0.334 * (0.229)	-0.193 (0.194)	-0.163 (0.183)
Rate * skill	0.363 *** (0.128)	0.233 (0.189)	0.109 (0.148)	0.199 * (0.129)	0.320 *** (0.148)	0.228 ** (0.136)	0.218 ** (0.130)
_cons	2.615 ** (1.547)	2.277 (3.022)	1.556 (2.239)	3.100 * (1.935)	4.505 *** (1.940)	2.800 ** (1.720)	2.150 (1.539)
obs	391	216	304	359	215	303	358
hausman	0.000	0.000	0.000	0.000	0.000	0.000	0.000

注：估计结果由 stata 11 得到，括号内的数值为相应变量的标准差，* 、** 、*** 分别表示在15% 、10% 和5% 的水平下通过显著性检验。

研究期内，技术进步具有拉大熟练劳动与非熟练劳动工资差距的作用，在统计上非常显著，作用程度为 0.071。出现这种情况的原因，很可能是中国工业部门近年来的技术进步具有偏向熟练劳动的特征，导致了对熟练劳动相对需求的增加，进而加大了熟练劳动与非熟练劳动的技能溢价。本书在全要素生产率 50%、75% 以及 90% 的样本水平上估计技术提高对技能溢价的影响，估计系数分别为 0.102、0.044 和 0.075。这表明，高技术水平与高技能溢价息息相关。

就业保护降低了技能溢价，就业保护 1% 的增长对技能溢价的负面效应大约为 1.765%。在就业保护指标 50%、75% 以及 90% 的样本容量水平上，估计系数分别为 -3.579、-2.427 以及 -1.600。随着就业保护程度的提高，就业保护以递减的速率压缩技能溢价。这说明，就业保护对非熟练劳动外部选择的影响逐渐降低，对熟练劳动外部选择的影响在提高。

失业率对技能溢价的影响，除去自身 2.598 的影响外，取决于熟练劳动的比重。可见，失业率对非熟练劳动外部选择的负面影响，远远大于对熟练劳动外部选择的负面影响。失业率反映了劳动力市场供求状况，本身可能存在内生性问题，本书将在稳健性检验中说明这个问题。熟练劳动比例对技能溢价的影响，除自身为 -0.41 外，还取决于失业率水平，失业率的平均水平为 1.275，所以，熟练劳动就业比例总体效应为正，熟练劳动越多，技能溢价越高。

反映相对价格水平的实际汇率指标对技能溢价的效应为正，实际汇率 1% 的贬值对技能溢价的影响为 0.062%，符合预期。资本深化对技能溢价的作用为 0.05，说明了资本与熟练劳动是互补关系。规模效应降低了技能溢价。

2. 技能溢价决定因素的稳健性检验

解释变量的非平稳性会影响面板估计效应的有效性，为了得到更有效、一致的估计，本书采纳了误差修正模型（ECM）（Ammermueller et al.，2007）。表 5－21 第（1）列是相应的估计结果，其中被解释变量是技能溢价的一次差分形式，解释变量中的加入技能溢价的一阶滞后项（wage$_{t-1}$）、就业保护指标的一阶滞后项和一次差分项（gflex）以及趋势项，同时去掉就业保护指标的当期项。结果显示，技能溢价的滞后项的系数为负值，说明技能溢价是刚性的，调整速度为 0.394。就业保护指标一阶滞后项和差分项的系数均为负值，wald 检验值 chi2（2）= 20.30，表明它们的效应是不等的。失业率的影响相对变小，其他主要解释变量的估计系数相差不大。

表 5－21   稳健性检验

	ECM	FE	FE	FE	FE	FE
wage$_{t-1}$	-0.394 *** (0.036)					
gflex	-1.559 *** (0.793)					
flex	-1.407 *** (0.707)	-2.190 *** (0.580)	-0.792 ** (0.471)	-4.589 *** (1.370)	5.616 *** (0.927)	3.794 *** (0.510)
tfp	0.038 *** (0.020)	0.068 *** (0.019)	0.016 (0.014)	0.052 *** (0.018)	0.053 *** (0.017)	0.049 *** (0.017)
trade	0.036 (0.040)	0.016 (0.043)	0.084 *** (0.027)	-0.001 (0.040)	0.024 (0.039)	0.021 (0.038)
kl	0.083 *** (0.010)	0.070 *** (0.009)	0.072 *** (0.010)	0.056 *** (0.010)	0.079 *** (0.011)	0.080 *** (0.010)
y	-0.102 (0.102)	-0.114 *** (0.058)	0.067 *** (0.031)	-0.065 0.052	-0.148 *** (0.045)	-0.127 *** (0.044)
rate	0.156 (0.537)			2.043 *** (0.560)	3.024 *** (0.502)	2.811 *** (0.489)
REER	0.009 (0.024)	0.083 *** (0.020)	0.091 *** (0.019)	0.047 *** (0.020)	0.041 *** (0.019)	0.029 * (0.019)

	ECM	FE	FE	FE	FE	FE
skill	−0.101 (0.188)	0.026 (0.079)		−0.325 (0.176)	−0.283 ** (0.171)	−0.264 * (0.167)
Rate * skill	0.145 (0.131)			0.293 *** (0.128)	0.308 *** (0.124)	0.283 *** (0.121)
obs	362	391	391	391	391	391
hausman	0.000	0.000	0.000	0.000	0.000	0.000

注：估计结果由 stata 11 得到，括号内的数值为相应变量的标准差，* 、** 、*** 分别表示在 15%、10% 和 5% 的水平下通过显著性检验。

表 5 – 21 的第（2）列检验的是失业率的内生性问题，在不考虑失业率的情况下，同时加入中国"入世"和美国金融危机爆发的虚拟变量，结果显示主要解释变量的估计系数相差不大，说明没有严重的内生性问题。虚拟变量的影响不显著，所以没有列出。表 5 – 21 的第（3）列同时去掉熟练劳动比重指标，就业保护指标的系数变大，由 − 2.19 变成 − 0.792；全要素生产率的影响变小，贸易指标的影响变大。

表 5 – 21 的第（4）列、第（5）列、第（6）列则根据寇尼格等（Koeniger et al.，2004）的模拟方法，预测 50%、75% 以及 90% 水平的就业保护程度对技能溢价的影响，即 flex 的指标分别为 50%、75% 以及 90% 水平下的 flex 值。估计系数显示，当就业保护在 75% 水平时，它对技能溢价的影响变成正值，说明就业保护对劳动力的外部选择的影响从非熟练劳动转向熟练劳动，当就业保护在 90% 水平时，估计系数为 3.794，略有下降，但是，就业保护对熟练劳动外部选择的影响仍然居于主导地位。虽然模拟的结果比表 5 – 20 中相应的估计结果大许多，但是，相同的是就业保护对劳动力外部选择的影响正逐渐从非熟练劳动转向熟练劳动。

第六节 本章小结

本章先梳理了中国汇率制度的发展状况，在总结国际清算银行等机构测算实际有效汇率的基础上对中国行业实际有效汇率进行了测度，此后根据就业保护指标，设计中国行业劳动力市场灵活性指标作为劳动力调整成本的代理变量。在完成上述测量的基础上，我们先沿袭多数经验文献的处理方法，估计在忽略劳动力市场调整成本的背景下，生产率因素、国际贸易因素以及行业加成特征对就业汇率弹性、工资汇率弹性的作用。主要目的是研究汇率冲击下，就业、工资以及就业再配置的调整过程。主要贡献是基于就业汇率弹性决定因素探索汇率影响上述因素的不同渠道，同时，考虑贸易开放度、行业平均加成比例以及劳动力技术结构等因素的影响。此外，基于贸易结构构造了行业水平的实际有效汇率指标。实证部分重点考察了行业不同的贸易定位和平均加成比例对就业、工资以及就业再配置率的不同影响渠道；根据不同渠道的估计系数，计算就业汇率弹性、工资汇率弹性以及就业再配置率弹性，并在此基础上估计行业平均加成比例、资本劳动比例以及劳动力技术结构对上述弹性的影响。

通过对中国 33 个工业部门 1998～2009 年间数据进行动态面板回归和面板固定效应估计，发现汇率贬值通过内资企业出口渠道促进了就业增长和就业创造率，降低了工资水平；通过进口渠道降低了就业和就业破坏率，提高了工资水平；通过效率渠道促进了就业增长、就业再配置率、就业创造率和就业破坏率，降低了工资水平。子样本估计显示，高贸易依存度行业的就业（工资）汇率弹性大于低贸易依存度行业的就业（工资）汇率弹性，低加成比例行业的就业（工资）汇率弹性大于高加成比例行业的就业（工资）汇率弹性。就业（工资）弹性还与行业要素密集度和行业全要素生产率有关。影响弹性因素中，资本劳动比例效应最小，行业平均加成比例居中，劳动力的技术结构最大。

在劳动力市场完美条件下，完成汇率影响就业的渠道分析之后，第四节着重估计劳动力市场调整成本及其他重要因素对就业汇率的影响。主要目的是，研究经济开放条件下，劳动调整成本、贸易开放度以及生产率对就业汇率弹性和就业流动汇率弹性的影响。主要贡献先是将劳动力市场调整成本加入伯们和迈耶（Berman，Mayer，2012）和佛纳德等（Fernando et al.，2010）的贸易模型，推出劳动力市场调整成本和汇率波动降低就业汇率弹性以及生产率水平和经济开放度提高就业汇率弹性的结论。此外，基于贸易结构构造了行业水平的实际有效汇率指标和劳动力市场灵活性指标。实证部分利用动态面板估计和面板固定效应估计重点验证了模型的4个结论，并且采纳 Differences-in-differece 方法估计劳动力市场调整成本通过制约行业内部和行业之间就业流动降低就业汇率弹性的效应。此外，同样的方法验证了伯们和迈耶（Berman，Mayer，2012）隐含的推论，即劳动力市场灵活性在不同的生产率行业对就业汇率弹性的影响不同。

通过对中国33个工业部门1998～2009年间的数据进行动态面板估计和面板固定效应估计发现，劳动力市场调整成本降低了就业汇率弹性和就业再配置的汇率弹性；汇率波动程度越高，对就业的负面影响越大；对外贸易扩张增加了就业，分别通过进口渠道和出口渠道提高了就业汇率弹性。子样本估计显示，高贸易依存度行业的就业汇率弹性大于低贸易依存度行业的就业汇率弹性，高劳动生产率水平行业的就业汇率弹性低于低劳动生产率行业的就业汇率弹性。劳动力调整成本通过就业流动渠道对就业汇率弹性的影响为负值，但是不够显著；采用 Differences-in-differeces 方法得出劳动力市场调整成本对低劳动生产率行业的就业汇率弹性大于高劳动生产率行业，符合伯们和迈耶（Berman，Mayer，2012）的结论：汇率贬值时，生产率高的厂商倾向于提高价格的加成比例而不是改变产量，生产率低的厂商则相反。

总之，劳动力市场调整成本影响了就业面对实际有效汇率冲击时的调整过程。它不仅直接减少就业和限制就业流动，而且，通过就业流动和行业不同的生产率影响就业汇率弹性。所以，劳动力市场的制度对保持一国劳动力的比较优势至关重要。

此外，作为实证部分的一个延伸，第五节探索国际贸易因素、劳动力调整成本因素以及汇率等因素对技能溢价的影响。主要利用中国工业部门 33 个细分行业 1998～2009 年大中型企业的统计数据，从经验上估计了贸易、实际有效汇率、技术以及制度等因素对熟练劳动和非熟练劳动技能溢价的影响。首先，估计了中国工业部门在研究期内熟练劳动的相对需求变化情况，结果显示中国工业部门对熟练劳动的相对需求在 1999～2009 年间总体上呈现出缓慢上升的趋势，细分行业内部熟练劳动需求的变化对中国工业部门熟练劳动需求变化的贡献占明显的主导地位，而行业间劳动配置的作用并不重要且不能推动熟练劳动需求上升，工业部门的劳动力再配置从需求方面是偏向熟练劳动的。其次，中国工业部门细分行业净贸易额在 1998～2009 年期间对熟练劳动需求变化的影响为正，而对非熟练劳动需求具有负效应，贸易从需求面具有扩大中国工业部门熟练劳动和非熟练劳动工资差距的倾向。最后，利用面板模型估计了贸易、实际有效汇率、技术以及制度等因素对中国工业部门研究期内熟练劳动对非熟练劳动技能溢价的影响。研究表明，国际贸易具有扩大中国工业部门熟练劳动与非熟练劳动技能溢价的效应，效果不太显著，贸易并未如经典理论所预期的提高中国非熟练劳动相对工资；研究期内技术进步具有拉大熟练劳动与非熟练劳动工资差距的作用，在统计上非常显著且作用程度较为重要；研究期内，就业保护指标具有降低熟练劳动与非熟练劳动技能溢价的效应，实际有效汇率具有提高技能溢价的效应。

第六章

结论与展望

基于劳动力市场调整成本的新颖视角，全书从理论及实证方面分析了汇率对中国工业行业就业、工资以及技能溢价的影响，得出的结论具有一定的现实意义。本章将先总结全书的结论，并据此提出相关的政策建议；此后，本章基于本书研究的局限性，确定了未来研究的突破点。

第一节　主要结论与政策建议

一、主要结论

（一）在理论分析方面

本书通过吸收新古典贸易理论、新贸易理论、新新贸易理论以及劳动力搜寻理论的相关研究进展，将之前的贸易理论与劳动力市场调整成本在一个较为完备的贸易分析框架中展示出来。本书按三条主线对其进行梳理，得出汇率和劳动力市场制度影响就业以及工资的机制，其一，劳动力制度影响就业和工资机制，劳动力市场制度涵盖的范围很广，而且各种机制对就业和工资的作用机理可能是相反的，本书分别讨论了失业保险、最低工资制度、积极的劳动市场政策以及就业保护立法（employment protect legislation，EPL）对现有就业和工资的作用机理，发现失业保险对就业的影响具有不确定性，较高水平的失业保险制度可能导致较长时间持续劳动力市场无绩效问题和改变就业结构；最低工资制度对就业和工资的影响也存在两种截然相反的作用机制，它可能影响熟练劳动力和非熟练劳动力的就业结构，对总体就业水平影响不确定，本书的着重点为就业保护立法，它设计的目标是规范企业解雇工人和雇用工人的行为，大多数研究认为，它是劳动力市场调整的额外成本，是劳动力市场安全的保障，短期内对就业是一种保护，但是也有研究认为它会降低新工作岗位的创造，形成长期失业率。其二，为汇率影响就业和工资的渠道。在劳动力市场平滑的假定下，汇率影响就业的渠道主要是进口渗透渠道、出口竞争渠道以及进口投入渠道，现有文献对这些渠道从实证层面进行了大量的探索，但是很少从效率渠道的角度去考察汇率如何影响就业以及工资等，这也是本书对已有相关理论研究的一个有益补充。其三，综合考虑劳动力市场制度因素，本书拓展了原来的新贸易理论关于劳动力市场平滑性的假设前提，同时结合发达国家的典型事实和成功经验，主要从劳动力市场制度的新颖视角探索劳动力市场制度对就业（工资）汇率弹性的作用。本书的理论拓展始终在新贸易理论的框架之内，只是从中剥离出劳动力制度因素在就业以及工资调整中发挥的作用，发现劳动力市场调整成本越高，就业汇率弹性越低；汇率变化持久程度越高，就业汇率弹性越高；高生产效率与低就业汇率弹性相关；高经济开放度与高就业汇率弹性相关。

（二）在现状分析和国际经验方面

本书主要利用中国的宏观经济数据，从发展概况对中国实际有效汇率和劳动力市场化进程与中国可贸易工业行业就业水平和工资收入水平以及技能溢价（熟练劳动力和非熟练劳动力的工资比例）的发展现实进行了较为细致的分析，得出了一些有益的结论。

第一，中国的汇率制度自 2005 年实行以市场供求为基础，参考"一篮子"货币进行调节，有管理的浮动汇率制度以来，持续升值，期间经历了美国"次贷危机"和欧债危机，到 2010 年 6 月 19 日中国人民银行宣布"将进一步推进人民币汇率形成机制改革，增强人民币汇率弹性，对人民币汇率浮动进行动态管理和调节。至 2011 年 12 月，人民币名义有效汇率升值 21.16%，实际有效汇率升值 30.34%，根据国际清算银行计算，2011 年，人民币名义有效汇率升值 4.95%，实际有效汇率升值 6.12%。

第二，劳动力市场化程度逐步提高，其中东部地区的市场化指数最高，中部地区次之，西部地区最低，而且劳动力市场化程度呈现上升的趋势。市场机制在工资形成机制中发挥逐渐增大的作用，就业灵活化程度在提高，2011 年《人力资源和社会保障事业发展"十二五"规划纲要》，强调继续深化工资制度改革和积极的就业政策，健全劳动者自主择业、市场调节就业、政府促进就业相结合的机制，创造平等的就业机会，提高就业质量。

第三，就业、工资以及技能溢价随着汇率改革和劳动力市场改革呈现上升的势头。2008 年，随着"次贷危机"演变成全球的金融危机，中国的出口贸易受到影响的情况下，就业增长高达 12.2%；资源密集型行业工人的平均工资最高，劳动密集型行业工人的工资最低，2000 年和 2001 年资本密集型行业工人平均工资的增长率最高，分别高达 12.7% 和 12.1%，劳动密集型行业工人的平均工资的增长率次之；技能溢价最高的行业是劳动密集型行业，资本密集型行业次之，其平均水平与劳动力密集型行业相近，最低的是资源密集型行业。

OECD 国家工业部门汇率在 2005 年中国人民币汇率向浮动汇率制度改革之后，发达国家货币大都出现升值趋势，德国在 2006 年出现短暂的贬值，此后连续 3 年升值，2010 年受欧债危机的影响，略有贬值；日本在经历了 2 年贬值之后，2008 年开始升值，2009 年升值达到 121.25；美国在 2007 年达到峰值 116 之后，次贷危机开始向实体经济层面蔓延，开始了连续两年贬值，2010 年略有回升。OECD 国家的就业保护程度在 1999 年相对比较稳定，在 2005 年之前，就业严格保护程度呈现逐步下降的趋势，2005～2008 年之间上升维持在 1.95，2009 年再次降到 2005 年以前的水平。就业呈现下滑的态势，美国、德国以及日本等尤其显著。

（三）在实证分析方面

在上述分析的基础上，本书主要采用《中国统计年鉴》《中国劳动统计年鉴》以及 BACI 进出口数据对汇率和劳动力市场调整成本对于中国就业和工资以及技能溢价的影响进行实证分析。实证分析所得出的主要结论为：

第一，在不控制劳动力市场调整成本时，汇率贬值通过内资企业出口渠道促进了就业增长和就业创造率，降低了工资水平；通过进口渠道降低了就业和就业破坏率，提高了工资水平；通过效率渠道促进了就业增长、就业再配置率、就业创造率和就业破坏率，降低了工资水平。子样本估计显示，高贸易依存度行业的就业（工资）汇率弹性大于低贸易依存度行业的就业（工资）汇率弹性，低加成比例行业的就业（工资）汇率弹性大于高加成比例行业的就业（工资）汇率弹性。就业（工资）弹性还与行业要素密集度和行业全要素生产率有关。影响弹性因素中，资本劳动比例效应最小，行业平均加成比例居中，劳动力的技术结构最大。

第二，在控制劳动力市场调整成本之后，发现劳动力市场调整成本降低了就业汇率弹性和就业再配置的汇率弹性；汇率波动程度越高，对就业的负面影响越大；对外贸易扩张增加了就业，分别通过进口渠道和出口渠道提高了就业汇率弹性。在考虑行业的对外贸易程度和生产率特征之后，发现高贸易依存度行业的就业汇率弹性大于低贸易依存度行业的就业汇率弹性，高生产率水平行业的就业汇率弹性低于低生产率行业的就业汇率弹性。劳动力市场调整成本通过就业流动渠道对就业汇率弹性的影响为负值，但是不够显著。

第三，作为实证部分的一个延伸，本书继续研究国际贸易、劳动力市场制度以及汇率对工业行业技能溢价的影响，发现实际汇率贬值对技能溢价有正向促进作用；国际贸易具有扩大中国工业部门熟练劳动与非熟练劳动技能溢价的效应，效果不太显著，贸易并未如经典理论所预期提高中国非熟练劳动相对工资；研究期内，技术进步具有拉大熟练劳动与非熟练劳动工资差距的作用，在统计上非常显著且作用程度较为重要；研究期内就业保护指标具有降低熟练劳动与非熟练劳动技能溢价的效应。

二、政策建议

（一）转变中国出口贸易方式

尽管大量经验证据证实了进出口贸易尤其是出口贸易不仅推动了中国总体经济增长与区域经济发展，创造了大量的就业机会，然而，我们需要谨慎评价出口贸易对提高就业的作用。虽然本书的实证分析结果表明，实际有效汇率主要通过出口渠道显著地提高中国的就业，但这种改善作用是以降低工资为代价的。进口虽然降低了就业，但是对工资的提升有一定作用，所以，我们更想看到就业和工资同时增长的局面。

中国的出口模式主要依赖于低成本的劳动力资源，低附加值的加工贸易约占进出口总额的 50%。大宗商品占进口总额的 40% 左右。这种贸易模式更容易受到外部冲击，尤其是中国国际分工体系与印度、越南具有类似的要素禀赋，在依赖低成本劳动力出口扩张模式已经随着农业和农村剩余劳动力尤其是青壮劳动力供给不足难以持续。在面临国际金融冲击，在类似要素禀赋国家比较优势提高的情况下以及人民币国际化浪潮下，需要逐渐摆脱对加工贸易的依赖，提升出口产品结构，向国际分工中具有较高技术含量和附加值的生产环节发展，优化贸易结构，增强抵抗外部冲击的能力，发挥出口贸易在中国就业与工资增长的积极作用，以及促进企业劳动生产率增长从而实现经济可持续发展。

（二）促进灵活安全的劳动力市场改革

中国的要素市场改革，尤其是劳动力市场改革仍处于初步阶段。一方面，仍然存在劳动力流动的部门限制、城乡分割、身份分割和地区分割，就业的灵活程度虽然在不断提高，但是，国内劳动力市场的分割与歧视现象导致低效率劳动力要素的配置，同时也扭曲工资水平。本书第三章的相关研究也表明，中国西部地区尤其是西北地区省区存在劳动力市场化倒退的趋势。中国就业结构性矛盾突出，例如，高校毕业生就业存在制度障碍和供需结构不对称矛盾。工资的市场化程度虽然不断提高，但是机关、事业单位和企业不同特点的工资收入分配制度仍然受到质疑，行业工资的差距仍然在不断拉大。集体协商和集体合同制度普遍建立，企业劳动合同签订率达到90%，集体合同签订率达到80%，但是，小型企业的合同签订率仍然很低，非正规就业仍然游离于协调劳动关系的三方机制之外。

另一方面，中国劳动力制度对就业的保护也比较弱势，缺乏健全的劳动标准体系，例如，工作时间、休假、女职工特殊劳动保护标准。对劳动保障的力度不够，经常出现拖欠工资事件，农民工权益仍然得不到有效保障，需要解决农民工在就业、培训、社会保障、住房、医疗、子女教育、文化生活、权益保护等方面平等享受基本公共服务的权益。

从相关国家的发展经验看，就业不灵活、技能溢价差距大以及工资得不到有效保障等问题，是发展中国家经济发展道路上经常出现的问题。我们认为，在当前的形势下，第一，中国需要在全球化深化和技术进步加速的过程中不断建立和完善收入再分配和社会保障机制，保证农民工等非熟练劳动的实际收入得到稳步提高。第二，政府需要对不同类型劳动的需求加以正确引导，在资本和技术相对稀缺的情况下，可以适当鼓励资本节约型技术进步，使各种劳动和其他生产要素得到最优配置，避免对高人力资本的过度需求。第三，加强劳动关系工作体系建设，加快健全劳动关系协调机制、劳动争议调节机制和劳动保障监察执法机制，切实维护劳动者和企业双方的合法权益，使得在面对外部和内部的负面冲击时，能够保证处于弱势群体的工人的就业安全性以及工资稳定等权益。

第二节　未来的研究方向

本书主要考察了实际有效汇率和劳动力制度对中国工业行业就业和工资的影响。本书是从劳动力市场制度对就业安全影响的视角来考察面对汇率冲击时，就业如何平稳过渡不至于引起就业的大震荡。但是，并没有同时考察劳动力市场制度对劳动生产率的影响，以及数据所限，本书的实证研究也不够细致。

第一，由于数据的缺乏，本书只能考察行业实际有效汇率对就业和工资以及技能溢价的影响，并没有从区域的层面上展开。若将来数据可得，将会从省区市的角度，考察实际有效汇率对不同地区就业和工资的影响。

第二，由于数据的缺乏，本书尚未能考察中国工业行业的长期就业汇率弹性，因而与其他国家工业行业长期就业汇率弹性的比较分析也无法实现，将来会试图解决这一问题。

　　第三，本书从就业安全的角度考察劳动力制度对就业面对负面冲击时的保护，并没有同时考虑它对劳动生产效率的影响，未能实现同时考察劳动力市场调整成本对内资企业劳动生产效率和就业安全的影响。本书将在此后的研究中，试图兼顾劳动力制度对就业安全和劳动生产效率的影响，考察就业安全和灵活性的平衡关系。

附表1　　　　　　中国工业行业就业流动

行业\年份	1998	1999	2000	2001	2002	2003	2004	2005	2006	2007	2008	2009
煤炭开采和洗选业	0.000	0.084	0.067	0.062	0.012	0.008	0.030	0.116	0.062	0.000	0.080	0.006
石油和天然气开采业	1.265	0.027	0.629	0.036	0.067	0.259	0.046	0.118	0.087	0.029	0.217	0.096
黑色金属矿采选业	1.104	0.201	0.009	0.000	0.012	0.105	0.065	0.325	0.109	0.082	0.224	0.068
有色金属矿采选业	0.041	0.045	0.082	0.073	0.048	0.039	0.043	0.055	0.079	0.195	0.029	0.067
非金属矿采选业	0.230	0.047	0.087	0.066	0.059	0.066	0.003	0.057	0.028	0.053	0.151	0.016
农副食品加工业	1.385	0.089	0.066	0.010	0.057	0.039	0.052	0.143	0.065	0.086	0.161	0.063
饮料制造业	1.252	0.080	0.039	0.073	0.043	0.022	0.001	0.001	0.036	0.091	0.112	0.052
烟草制品业	1.213	0.038	0.082	0.045	0.064	0.090	0.051	0.025	0.035	0.020	0.060	0.013
纺织业	1.866	0.123	0.056	0.011	0.003	0.041	0.039	0.129	0.041	0.017	0.040	0.055
纺织服装、鞋、帽制造业	0.978	0.044	0.062	0.095	0.114	0.084	0.102	0.077	0.087	0.093	0.102	0.021

续表

行业\年份	1998	1999	2000	2001	2002	2003	2004	2005	2006	2007	2008	2009
皮革、毛皮、羽毛	1.207	0.011	0.026	0.119	0.106	0.157	0.095	0.229	0.071	0.045	0.062	0.059
木材加工及木、竹、藤、棕、草	1.347	0.046	0.042	0.025	0.008	0.210	0.092	0.174	0.095	0.147	0.212	0.005
家具制造业	1.356	0.016	0.060	0.098	0.130	0.244	0.195	0.298	0.162	0.086	0.134	0.058
造纸及纸制品业	0.270	0.081	0.050	0.004	0.010	0.009	0.035	0.098	0.035	0.026	0.094	0.005
印刷业和记录媒介的复制	0.775	0.110	0.079	0.021	0.014	0.069	0.040	0.079	0.030	0.048	0.125	0.001
文教体育用品制造业	0.288	0.042	0.018	0.025	0.121	0.142	0.074	0.157	0.041	0.042	0.106	0.081
石油加工、炼焦及核燃料加工业	0.443	0.085	0.117	0.073	0.058	0.066	0.050	0.170	0.032	0.049	0.065	0.013
化工原料及化学制品制造业	1.285	0.051	0.068	0.084	0.027	0.004	0.014	0.074	0.051	0.061	0.122	0.025
医药制造业	1.238	0.038	0.003	0.034	0.024	0.090	0.027	0.041	0.054	0.053	0.093	0.063
化学纤维制造业	1.077	0.040	0.074	0.064	0.065	0.098	0.122	0.097	0.018	0.043	0.005	0.083
橡胶制品业	0.602	0.080	0.068	0.078	0.008	0.003	0.039	0.206	0.031	0.063	0.106	0.007
塑料制品业	0.119	0.007	0.003	0.050	0.101	0.084	0.077	0.185	0.094	0.106	0.131	0.017
非金属矿物制品业	0.547	0.048	0.055	0.045	0.011	0.020	0.027	0.027	0.019	0.050	0.106	0.020

续表

行业\年份	1998	1999	2000	2001	2002	2003	2004	2005	2006	2007	2008	2009
黑色金属冶炼及压延加工业	0.521	0.075	0.057	0.048	0.041	0.067	0.021	0.095	0.030	0.028	0.029	0.030
有色金属冶炼及压延加工业	0.968	0.036	0.024	0.033	0.066	0.041	0.081	0.123	0.045	0.133	0.169	0.042
金属制品业	0.010	0.057	0.022	0.017	0.052	0.016	0.112	0.153	0.106	0.097	0.179	0.024
通用设备制造业	0.063	0.117	0.059	0.047	0.028	0.070	0.084	0.141	0.064	0.105	0.159	0.014
专用设备制造业	0.635	0.143	0.055	0.108	0.041	0.142	0.018	0.050	0.065	0.089	0.184	0.003
交通运输设备制造业	0.087	0.062	0.036	0.033	0.002	0.049	0.049	0.073	0.061	0.087	0.146	0.052
电气机械及器材制造业	0.703	0.045	0.003	0.016	0.058	0.104	0.119	0.206	0.095	0.106	0.161	0.014
通信设备、计算机	0.970	0.004	0.053	0.043	0.112	0.175	0.198	0.275	0.139	0.152	0.141	0.020
仪器仪表及文化类	1.646	0.107	0.028	0.014	0.031	0.228	0.085	0.124	0.108	0.079	0.085	0.034
电力热力的生产和供应	0.626	0.035	0.045	0.016	0.016	0.022	0.004	0.055	0.025	0.008	0.009	0.068

参 考 文 献

[1] 樊纲，王小鲁，朱恒鹏．中国市场化指数．经济科学出版社，2011.

[2] 巴曙松，吴博，朱元倩．关于实际有效汇率计算方法的比较与述评——兼论对人民币实际有效汇率指数的构建．管理世界，2007（5）：24 - 29.

[3] 包群，邵敏．外商投资与东道国工资差异：基于我国工业行业的经验研究．管理世界，2008（5）：46 - 54.

[4] 北京师范大学经济与资源管理研究院．2008 中国市场经济发展报告．北京师范大学出版社，2008.

[5] 鄂永健，丁剑平．实际汇率、工资和就业．财经研究，2005（11）：41 - 49.

[6] 范言慧，宋旺．实际汇率对就业的影响：对中国制造业总体的经验分析．世界经济，2005（4）：3 - 12.

[7] 黄志刚，陈晓杰．人民币汇率波动弹性空间评估．经济研究，2010（5）：41 - 54.

[8] 李晓峰，钱利珍．人民币实际有效汇率变动对就业影响的传导渠道分析．上海金融，2010（4）：71 - 77.

[9] 毛日昇，郑建明．人民币实际汇率的不确定性与外商直接投资择机进入．金融研究，2011（5）：42 - 57.

[10] ［日］南亮进，［日］牧野文夫．转型时期中国的工业化和劳动市场——发自日本的研究，中译本，中国水利水电出版社，2005.

[11] 万解秋，徐涛．汇率调整对中国就业的影响——基于理

论与经验的研究. 经济研究, 2004 (2): 39 - 46.

[12] 王阳. 转型时期中国劳动力市场灵活性研究. 首都经济贸易大学博士学位论文, 2010.

[13] 许斌. 国际贸易与工薪差距. 论文集, 2008//邱东晓, 许斌, 郁志豪等, 国际贸易与投资前沿, 格致出版社, 2008.

[14] 许和连, 亓鹏, 李海铮. 外商直接投资、劳动力市场与工资溢出效应. 管理世界, 2009 (9): 53 - 69.

[15] 盛斌. 中国对外贸易政策的政治经济分析. 上海人民出版社, 2002.

[16] 曾莹. 行业冲击与行业就业调整. 南开经济研究, 2006 (5): 46 - 55.

[17] 周申. 贸易自由化、汇率政策与中国宏观经济内部平衡. 世界经济, 2003 (5): 28 - 33.

[18] 周申. 贸易自由化对中国工业劳动需求弹性影响的经验研究. 世界经济, 2006 (2): 31 - 40.

[19] 周申, 李春梅. 工业贸易结构变化对我国就业的影响. 数量经济技术经济研究, 2006 (7): 3 - 13.

[20] 周申, 宋扬. 2007. 贸易自由化对中国工业就业和工资波动性的影响. 世界经济研究, 2007 (6): 43 - 48.

[21] 周申, 杨红彦. 经济开放条件下劳动力市场灵活性与内资企业劳动生产率——基于中国省区市和行业数据的经验研究. 国际贸易问题, 2012 (3): 64 - 79.

[22] Aaronson, D. , E. French. Product Market Evidence on the Employment Effects of the Minimum Wage. Journal of Labor Economics, 2007, 25 (1): 167 - 200.

[23] Acemoglu D. Patterns of Skill Premia. The Review of Economic Studies, 2003, 70 (243): 199 - 230.

[24] Acemoglu, D. , S. Pischke. Beyond Becker: Training in Imperfect Labour Markets. Economic Journal, 1999, 109 (503): F112 -

F142.

［25］ Acemoglu, D. , S. Pischke. Minimum Wages and On – The – Job Training. Research in Labor Economics, 2003, 22: 159 –202.

［26］ Addison J. T. , Bailey R. W. and Siebert W. S.. The Impact of Deunionisation on Earnings Dispersion Revisited. Research in Labor Economics, 2007, 26: 337 –363.

［27］ Addison, J. , M. Blackburn. The Effects of Unemployment Insurance on Postunemploy ment Earnings. Labour Economics, 2000, 7 (1): 21 –53.

［28］ Agell, J. On the Benefits from Rigid Labour Markets: Norms, Market Failures, and Social Insurance. Economic Journal, 1999, 109 (453): F143 – F164.

［29］ Agell, J. , K. Lommerud. Minimum Wages and the Incentives for Skill Formation. Journal of Public Economics, 1997, 64 (1): 25 –40.

［30］ Aizenman, J. , J. Lee. The Real Exchange Rate, Mercantilism, and the Learning-by-doing Externality. NBER Working Paper, No. 13853, 2008.

［31］ Alejandro Cuñat, Marc J. , Melitz. Volatility, Labor Market Flexibility, and the Pattern of Comparative Advantage. NBER Working Papers 13062, National Bureau of Economic Research, Inc, 2007,

［32］ Alejandro Micco, Carmen Pagés. The Economic Effects of Employment Protection Evidence from International Industry – Level Data. 2006.

［33］ Alexandre F. P. , Bação J. C. and Portela M. Employment, Exchange Rates and Labour Market Rigidities. IZA Discussion Paper, No. 4891, IZA. Institute for the Study of Labour, Bonn, 2010.

［34］ Almador, J. , S. Cabral and L. D. Opromolla. A portrait of Portuguese international trade. In Banco de Portugal, The Portuguese

Economy in the Context of Economic, Financial and Monetary Integration. Economics and Research Department, Banco de Portugal, 2009.

[35] Ammermueller A. C. , Lucifora F. O. and Zwick T. . Still Searching for the Wage Curve. IZA Discussion Paper 2674 (March), Institute for the Study of Labour, Bonn, 2007.

[36] Babecký, Jan, P. Du Caju, T. Kosma, M. Lawless, J. Messina and T. Rõõm. The Margins of Labour Cost Adjustment: Survey Evidence from European Firms. Research Technical Paper 12/RT/09, Central Bank and Financial Services Authority of Ireland, Dublin, 2009.

[37] Baldwin R. E. Heterogeneous firms and trade: Testable and untestable properties of the Melitz model. NBER Working Paper No. W11471, 2005

[38] Baillie, R. , T. Bollarslev. The Message in Daily Exchange Rates: A Conditional – Variance Tale. Journal of Business and Economic Statistics, 1989 (7): 297 – 305.

[39] Bassanini A. , D. Venn. Assessing the Impactof Labour Market Policies on Productivity: A Difference in – Differences Approach. OECD Social, Employment and Migration Working Papers, No. 54, OECD Publishing.

[40] Bassanini, A. , Duval, R. The Determinants of Unemployment Across OECD Countries: Reassessing the Role of Policies and Institutions. OECD Economic Studies No. 42, 2006/1.

[41] Bell B. D. , Pitt M. K. . Trade union decline and the distribution of wages in the UK: evidence from kernel estimation. Oxford Bulletin of Economics and Statistics, 1998, 60 (4): 509 – 528.

[42] Belzil, C. Unemployment Insurance and Subsequent Job Duration: job matching versus unobserved heterogeneity. Journal of Applied Econometrics, 2001, 16 (5): 619 – 636.

[43] Berman, N. , P. Martin and T. Mayer. How Do Different Ex-

porters React to Exchange Rate Changes? Theory, Empirics and Aggregate Implications. Quarterly Journal of Economics, 2012, 127 (1): 437 - 492.

[44] Bernard, A. B. , J. B. Jensen, S. J. Redding and P. K. Schott. Firms In International Trade. Journal of Economic Perspectives, 2007 (21): 105 - 130.

[45] Bhagwati J. , Dehejia V. H.. Freer Trade and Wages of the Unskilled-Is Marx Striking Again? . In Trade and Wages: Leveling Wages Down? . Washington, D. C. : American Enterprise Institute, 1994: 36 - 75.

[46] Blanchard, O. , J. Wolfers. The Role of Shocks and Institutions in the Rise of European Unemployment: the Aggregate Evidence. The Economic Journal, 2000 (110): C1 - C33.

[47] Blanchard, O. , P. Portugal. What Hides Behind an Unemployment Rate: Comparing Portuguese and U. S. labor markets. American Economic Review, 2001, 91 (1): 187 - 207.

[48] Boeri, Tito, J. , Ignacio Conde - Ruiz, and Vicenzo Galasso. The Political Economy of Flexicurity. Unpublished paper, Bocconi University, 2006.

[49] Borjas G. J. , V. A. Ramey. Foreign Competition, Market Power and Wage Inequality: Theory and Evidence. NBER Working Paper, 4556, 1993.

[50] Brambilla I. , Carneiro R. D. , Lederman D. and Porto Guido. Skills, exports, and the wages of five million Latin American. NBER Working Paper No. 15996, 2010.

[51] Brülhart, M. , Elliott, R. J. R. and Lindley, J. Intra-Industry Trade and Labour - Market Adjustment: A Reassessment Using Data on Individual Workers. Review of World Economics, 2006 (142): 521 - 545.

［52］ Cahuc, P. , P. Michel. Minimum Wages, Unemployment and Growth. European Economic Review, 1996, 40 (7): 1463 – 1482.

［53］ Campa J. M. , L. S. Goldberg. Employment versus Wage Adjustment and the U. S. Dollar. Review of Economics and Statistics, 2001, 83 (3): 477 –489.

［54］ Campa, José Manuel and Linda S. Goldberg. Exchange Rate Pass Through into Import Prices. Review of Economics and Statistics, 2005, 87 (4): 679 –690.

［55］ Centeno, M. The Match Quality Gains From Unemployment Insurance. Journal of Human Resources, 2004, 39 (3): 839 – 863.

［56］ Chen, Ru, Dao and Mai. The Real Exchange Rate and Employment in China. IMF Working Paper No. 11/148, 2005.

［57］ Ciccone A. , E. Papaioannou. Adjustment to Target Capital, Finance, and Growth. mimeograph, UPF, 2006.

［58］ Ciccone A. , E. Papaioannou. Red Tape and Delayed Entry. The Journal of European Economic Association, Papers and Proceedings, 2007: 444 –458.

［59］ Clark, P. , N. Tamirisa, and S. Wei. Exchange Rate Volatility and Trade Flows: Some New Evidence. Technical Report, 2004.

［60］ Danny Leung, Terence Yuen. Labour Market Adjustments to Exchange Rate Fluctuations: Evidence from Canadian Manufacturing Industries. Open Economies Review, Springer, 2007, 18 (2): 177 – 189.

［61］ Deardorff A. V. Overview of the Stolper – Samuelson Theorem, In The Stolper – Samuelson Theorem: A Golden Jubilee. The University of Michigan Press, 1994.

［62］ Dekle, R. The Yen and Japanese Manufacturing Employment. Journal of International Money and Finance, 1998, 17 (5): 785 –

801.

[63] DiNardo, J. , Fortin, N. M. and Lemieux, T. Labour Market Institutions and the Distribution of Wage: a semi-parametric approach. Econometrica, 1996 (64): 1001 – 1044.

[64] Dornbusch, R. Exchange Rates and Prices. American Economic Review, 1987 (77): 93 – 106.

[65] Eamets, R. , J. Masso. The Paradox of the Baltic States: Labour Market Flexibility but Protected Workers? . European Journal of Industrial Relation, 2005, 11 (1): 71 – 90.

[66] Federico Cingano, Marco Leonardi, Julián Messina and Giovanni Pica. The Effects of Employment Protection Legislation and Financial Market Imperfections on Investment: Evidence from a Firm – Level Panel of EU Countries. Economic Policy, 2010 (25): 117 – 163.

[67] Feenstra R. C. , G. H. Hanson. Globalization, Outsourcing, and Wage Inequality. American Economic Review, 1996 (86): 240 – 245.

[68] Filiztekin A. Exchange Rates and Employment in Turkish Manufacturing. WorkingPaper, Sabanci University, 2004.

[69] Frenkel R. Real Exchange Rate and Employment in Argentina, Brazil, Chile andMexico. Universidad de Buenos Aires, 2004.

[70] Fu X. L. , V. N. Balasubramanyam. Exports, Foreign Direct Investment and Employment: The Case of China. The World Economy, 2005, 28 (4): 607 – 625.

[71] Gabriel Porcile, Gilberto Tadeu Lima. Real exchange rate and elasticity of labour supply in a balance of payments constrained macro dynamics. Cambridge Journal of Economics, 2010 (34): 1019 – 1039.

[72] Gilles Saint – Paul. Making sense of Bolkestein-bashing:

trade liberalization under segmented labor markets. Journal of International Economics, 2007, 73 (1): 152 – 174.

[73] Gómez – Salvador, R. , J. Messina and G. Vallanti. Gross Job Flows and Institutions in Europe. Labour Economics, 2004 (11): 469 – 485.

[74] Gourinchas P. O. Exchange Rates do Matter: French Job Reallocation and Exchange Rate Turbulence, 1984 – 1992. European Economic Review, 1999, 43 (7): 1279 – 1316.

[75] Haltiwanger, J. , S. Scarpeta and H. Schweiger. Assessing Job Flows across Countries: the Role of Industry, Firm Size and Regulations. IZA Discussion Paper No. 2450, 2006.

[76] Harrigan J. International Trade and American Wages in General Equilibrium, 1967 – 1995. The University of Chicago Press, 2000.

[77] Harris R. G. Is there a Case for Exchange Rate Induced Productivity Changes. Department of Economics, Simon Fraser University, Canadian Institute for Advanced Research, 2006.

[78] Helpman, E. , O. Itskhoki. Labour Market Rigidities, Trade and Unemployment. Review of Economic Studies, Forthcoming, 2010.

[79] Hiau Looi Kee. Markups, Returns to Scale, and Productivity: A Case Study of Singapore's Manufacturing Sector. World Bank Policy Research Working Paper No. 2857, 2002.

[80] Hsieh C. T. , K. T. Woo. The Impact of Outsourcing to China on Hong Kong's Labor Market. American Economic Review, 2005, 95 (5): 1673 – 1687.

[81] Hua, P. Real Exchange Rate and Manufacturing Employment in China. China Economic Review, 2007 (18): 335 – 353.

[82] Kandilov, I. The Effects of Exchange Rate Volatility on Agricultural Trade. American Journal of Agricultural Economics, 2008, 90

(4): 1028 - 1043.

[83] Katz L. F. , K. M. Murphy. Change in Relative Wage, 1963 – 1987: Supply and Demand Factors. The Quarterly Journal of Economics, 1992, 107 (1): 35 – 78.

[84] Klein M. W. , Moser C. and Urban D. M. The skill structure of the export wage premium: Evidence from German manufacturing. Mimeo, 2010.

[85] Klein, M. W. , S. Schuh and R. K. Triest. Job Creation, Job Destruction, and Interna-tional Competition: a Literature Review. Federal Reserve Bank of Boston, Working Paper02 – 7, 2002.

[86] Klein, M. W. , S. Schuh and R. K. Triest. Job Creation, Job Destruction, and the Real Exchange Rate. Journal of International Economics, 2003 (59): 239 – 265.

[87] Koeniger, W. , Leonardi, M. and Nunziata, L. Labour Market Institution and Wage Inequality. IZA Discussion Paper No 1291, 2004.

[88] Koeniger, W. , Leonardi, M. and Nunziata, L. Labour Market Institution and Wage Inequality. Industrial and Labor Relations Review, 2007, 60 (3): 340 – 356.

[89] Koren M. Employment Response to Real Exchange Rate Movements: Evidence from Hungarian Exporting Firms. Harvard University, Cambridge, MA 02138, 2001.

[90] Korinek, A. , L. Serven. Real Exchange Rate Undervaluation: Static Losses, Dynamic Gains. World Bank Policy Research Working Paper No. 5250, 2010.

[91] Krugman P. Technology, Trade and Factor Prices. Journal of International Economics, 2000, 50 (1): 51 – 72.

[92] Lars Calmfors, Anders Forslund and Maria Hemström. Does Active Labour Market Policy Work? Lessons from the Swedish Experi-

ences. CESifo Working Paper No. 675 (4), 2002,

［93］Leamer E. In Search of Stolper – Samuelson Linkages between International Trade and Lower Wages. Washington, D. C. : Brookings Institution Press, 141 – 203, 1998.

［94］Leibenstein H. Economic Backwardness and Economic Growth. New York, Wiley, 1957.

［95］Leibenstein H. Allocative Efficiency versus X – Efficiency. American Economic Review, 1966: 392 – 415.

［96］Melitz, M. J. The Impact of Trade on Intra-industry Reallocations and Aggregate Industry Productivity. Econometrica, 2003, 71 (6): 1695 – 1725.

［97］Murphy K. M. , F. Welch. The Role of International Trade in Wage Differentials. Washington, DC: The AEI Press, 1991: 39 – 69.

［98］Neumark, D. , W. Wascher. Minimum Wages and Training Revisited. Journal of Labor Economics, 2001, 19 (3): 563 – 595.

［99］Nucci, F. , A. F. Pozzolo. The Exchange Rate, Employment and Hours: What Firm – Level Data Say. Journal of International Economics, 2010 (82): 112 – 123.

［100］OECD. OECD Employment Outlook. Paris, 2006.

［101］OECD. OECD Employment Outlook. Paris, 2008.

［102］Pfann, G. , B. Verspagen. The structure of adjustment costs for labour in the Dutch manufacturing sector. Economics Letters, 1989, 29 (4): 365 – 371.

［103］Polachek, S. , J. Xiang. The Effects of Incomplete Employee Wage Information: A Cross – Country Analysis. IZA Discussion Paper No. 1735, 2005.

［104］Pollmann – Schult, M. , Buchel, F. Unemployment Benefits, Unemployment Duration and Subsequent Job Quality. Acta Sociologica, 2005, 48 (1): 21 – 39.

[105] Portela, M. Measuring Skill: a Multi – Dimensional Index. Economics Letters, 2001, 72 (1): 27 –32.

[106] Prachi Mishra. Exchange Rates and Wages in an Integrated World. Research Department, IMF, CEPR, and WDI, 2009.

[107] Ravn, Morten O. and H. Uhlig. On adjusting the Hodrick – Prescottlter for the frequency of observations. Review of Economic and Statistics, 2002, 84 (2): 371 –376.

[108] Rama, M. , Artecona, R. A Database of Labour Market Indicators across Countries. Washington DC: The World Bank, 2002.

[109] Rodgers, G. Labour Market Flexibility and Decent Work. Presentation at UNDESA Development Forum on productive employment and decent work, 2006.

[110] Roeger, W. Can Imperfect Competition Explain the Difference Between Primal and Dual Productivity Measures? Estimates for US Manufacturing. Journal of Political Economy 1995, 103 (2): 316 – 330.

[111] Rose, A. One Money, One Market: The Effect of Common Currencies on Trade. Economic Policy, 2000, 15 (30): 7 –46.

[112] Sperber, S. What are the Ingredients of "Good" Flexicurity Arrangements? Some Ideas for Identifying Factors that Make for Success. Manuscript paper distributed at the First meeting of the Flexicurity Research Network, Copenhagen, 2006.

[113] Stolper W. F. , P. A. Samuelson. Protection and Real Wages. Review of Economic Studies, 1941, 9 (1): 58 –73.

[114] Tenreyro, S. On the Trade Impact of Nominal Exchange Rate Volatility. Journal of Development Economics, 2007 (82): 485 – 508.

[115] Tito Boeri, J. Ignacio Conde – Ruiza and Vincenzo Galasso. Protecting Against Labour Market Risk: Employment Protection or

Unemployment Benefits? . IZA DP No. 834, 2003.

［116］ Turner, P. , J. Van. t dack. Measuring international price and cost competitiveness. BIS Economic Papers, 39, 1993.

［117］ Wang, K. , C. Barett. Estimating the Effects of Exchange Rate Volatility on Export Volumes. Journal of Agricultural and Resource Economics, 2007（32）：225 –255.

［118］ William D. Craighead. Real rigidities and real exchange rate volatility. Journal of International Money and Finance, 2009（28）：135 – 147.

［119］ Wood A. The Factor Content of North – South Trade in Manufactures Reconsidered. Weltwirtschaftliches Archiv 127：719 – 743, 1991.

［120］ Yeaple S. R. A simple model of firm heterogeneity, international trade, and wages. Journal of International Economics, 2005（65）：1 –20.

［121］ Yu Sheng, Xinpeng, Xu. Real exchange rate, productivity and labor market frictions. Journal of International Money and Finance, 2011（30）：587 –603.

［122］ Yves Zenou. Job search and mobility in developing countries. Theory and policy implications. Journal of Development Economics, 2008（86）：336 –355.